5 DICAS PARA COMEÇAR

1) CÓMO RESOLVER LAS SOPA DE LETRAS

Os puzzles têm um formato clássico:

- As palavras estão escondidas sem espaços ou hífenes,...
- Orientação: As palavras podem ser escritas para a frente, para trás, para cima, para baixo ou na diagonal (podem ser invertidas).
- As palavras podem sobrepor-se ou intersectar-se.

2) APRENDIZAGEM ACTIVA

Ao lado de cada palavra há um espaço para anotar a tradução. Para encorajar a aprendizagem activa, um **DICIONÁRIO** no final desta edição permitir-lhe-á verificar e expandir os seus conhecimentos. Procure e anote as traduções, encontre-as no puzzle e adicione-as ao seu vocabulário!

3) MARCAR AS PALAVRAS

Pode inventar o seu próprio sistema de marcação - talvez já use um? Pode também, por exemplo, marcar palavras difíceis de encontrar com uma cruz, palavras favoritas com uma estrela, palavras novas com um triângulo, palavras raras com um diamante, e assim por diante.

4) ESTRUTURANDO A APRENDIZAGEM

Esta edição oferece um **CADERNO DE NOTAS** prático no final do livro. Nas férias, em viagem ou em casa, pode facilmente organizar os seus novos conhecimentos sem a necessidade de um segundo caderno!

5) JÁ TERMINOU TODAS AS GRELHAS?

Nas últimas páginas deste livro, na secção **DESAFIO FINAL**, encontrará um jogo gratuito!

Rápido e fácil! Consulte a nossa colecção de livros de actividades para o seu próximo momento de diversão e **aprendizagem**, a apenas um clique de distância!

Encontre o seu próximo desafio em:

BestActivityBooks.com/MeuProximoLivro

Aos vossos lugares, preparem-se...Vão!

Sabia que existem cerca de 7.000 línguas diferentes no mundo? As palavras são preciosas.

Adoramos línguas e temos trabalhado arduamente para criar livros da mais alta qualidade para si. Os nossos ingredientes?

Uma selecção de tópicos adequados à aprendizagem, três boas porções de entretenimento, e depois acrescentamos uma colherada de palavras difíceis e uma pitada de palavras raras. Servimo-los com amor e máximo divertimento, para que possa resolver os melhores jogos de palavras e se divirta a aprender!

A sua opinião é essencial. Pode participar activamente no sucesso deste livro, deixando-nos um comentário. Gostaríamos de saber o que mais lhe agradou nesta edição.

Aqui está um link rápido para a sua página de encomendas:

BestBooksActivity.com/Avaliacoes50

Obrigado pela vossa ajuda e divirtam-se!

A Equipa Inteira

1 - Dirigindo

브	독	위	험	연	교	통	즐	원	농	공	다	그	구
가	레	츠	서	료	가	핑	모	기	경	찰	퍼	휴	식
도	츠	이	포	예	핑	시	터	츠	츠	심	츠	법	진
식	로	술	크	공	구	서	뿜	여	여	서	시	퍼	공
독	식	투	그	여	사	캠	마	독	심	서	렵	봉	독
차	술	진	마	봉	관	고	그	원	여	권	춤	야	서
봉	휴	지	안	편	차	고	보	춤	게	활	진	게	독
특	허	도	전	가	스	사	행	이	게	킹	심	수	관
봉	게	캠	원	킹	시	공	자	핑	권	뿜	관	뿜	사
퍼	식	기	오	토	바	이	도	봉	뿜	킹	도	림	낚
독	식	술	다	시	거	리	이	터	널	킹	가	다	게
트	럭	야	뿜	서	도	기	편	기	술	렵	시	그	뿜
농	재	캠	뿜	뿜	예	마	휴	동	하	원	동	렵	가
주	의	독	시	권	식	뿜	춤	관	물	법	활	동	법

사고	오토바이
트럭	모터
연료	보행자
주의	위험
도로	경찰
브레이크	거리
차고	안전
가스	교통
특허	터널
지도	

2 - Atividades

원	즐	식	핑	기	기	원	예	포	춤	수	포	다	구
가	농	기	술	편	예	술	독	스	예	서	렵	독	공
가	편	즐	핑	킹	서	휴	서	동	법	임	서	시	휴
림	다	편	활	임	도	게	공	예	낚	재	독	관	식
낚	재	투	휴	권	킹	임	림	기	마	농	하	심	투
퍼	시	활	그	봉	활	즐	휴	쁨	법	야	도	사	공
수	휴	시	이	렵	쁨	시	편	술	동	그	구	진	편
수	기	독	낚	시	수	여	관	편	낚	도	하	술	하
캠	다	림	편	기	다	법	가	수	하	즐	림	포	캠
식	물	진	퍼	심	가	퍼	권	공	이	진	임	낚	이
관	심	여	농	캠	핑	여	춤	이	식	게	림	편	핑
즐	하	게	포	하	이	킹	여	진	권	야	식	활	동
식	재	진	진	수	농	독	다	시	물	독	낚	권	봉
식	법	재	림	기	춤	봉	물	스	핑	진	원	포	도

예술 원예
공예 게임
활동 여가
수렵 독서
하이킹 마법
사진술 낚시
기술 기쁨
관심사 휴식

3 - Churrascos

마	하	춤	편	권	법	진	여	포	어	린	이	법	재
퍼	스	춤	술	동	마	도	즐	퍼	핑	투	법	가	법
게	포	토	사	원	술	캠	그	재	낚	식	낚	농	그
진	임	마	진	야	쁨	음	악	칼	림	캠	이	공	하
그	도	토	스	동	원	식	쁨	독	낚	그	점	휴	퍼
채	소	구	도	여	예	수	포	재	투	활	가	심	핑
투	즐	여	구	름	가	굶	재	활	가	구	임	렵	후
원	이	수	사	진	봉	주	식	소	공	여	진	기	추
낚	야	퍼	마	초	대	림	닭	스	뜨	식	수	서	원
수	공	식	가	예	춤	그	가	수	거	하	츠	즐	즐
쁨	마	킹	쁨	봉	재	구	하	족	운	다	시	츠	동
저	녁	식	사	여	렵	마	진	샐	러	드	임	다	활
즐	소	금	식	쁨	구	임	가	봉	게	그	하	캠	여
과	일	마	하	식	구	다	쁨	림	동	릴	즐	투	사

점심	채소
초대	소스
어린이	음악
가족	후추
굶주림	뜨거운
과일	소금
그릴	샐러드
저녁 식사	토마토
게임	여름

4 - Pesca

심	뿔	권	턱	핑	권	서	관	렵	식	스	재	휴	투
뿔	게	임	킹	수	서	츠	물	캠	권	스	법	원	야
무	낚	츠	수	여	예	즐	술	물	철	사	편	핑	낚
장	게	원	포	투	가	훅	바	야	호	봉	봉	해	변
비	물	게	다	물	동	재	구	낚	과	수	그	식	법
활	렵	독	공	그	즐	포	니	게	장	계	절	여	물
렵	퍼	핑	렵	임	춤	핑	캠	가	식	심	림	임	공
관	수	원	편	춤	도	낚	농	렵	낚	술	도	렵	동
지	즐	춤	공	하	사	렵	여	재	인	내	공	기	임
야	느	독	예	캠	다	강	공	편	예	진	식	임	편
사	핑	러	관	이	사	킹	야	휴	춤	재	동	렵	수
기	아	가	미	끼	예	춤	츠	뿔	진	시	기	대	양
시	원	심	캠	츠	렵	동	낚	투	식	하	여	독	독
게	캠	핑	캠	여	원	야	도	도	즐	휴	서	관	배

지느러미	호수
아가미	대양
바구니	인내
장비	무게
과장	해변
철사	계절
미끼	

5 - Geologia

츠	층	원	지	핑	법	산	봉	킹	수	시	법	칼	식
핑	투	캠	진	임	종	호	소	금	도	심	킹	슘	킹
투	림	킹	시	시	유	투	투	퍼	구	마	수	게	야
공	시	여	하	법	석	부	낚	물	물	농	게	관	킹
렵	물	돌	예	야	재	식	춤	낚	투	여	사	봉	식
즐	캠	도	그	춤	구	심	봉	크	포	수	야	권	재
동	굴	진	권	그	역	임	츠	츠	리	캠	렵	농	야
포	법	포	대	재	공	렵	낚	임	고	스	사	독	관
독	림	가	륙	용	핑	탄	석	순	원	구	탈	화	산
킹	법	심	법	암	다	여	산	가	수	이	스	진	농
예	진	관	물	스	재	게	그	수	즐	렵	원	물	즐
도	여	임	편	야	심	핑	춤	투	림	마	투	사	구
관	캠	법	가	이	휴	임	공	스	수	구	화	석	영
츠	식	하	법	게	권	하	권	포	야	활	원	야	사

동굴
칼슘
대륙
산호
크리스탈
부식
종유석
석순
화석

용암
탄산수
고원
석영
소금
지진
화산
구역

6 - Móveis

킹	재	휴	마	공	술	임	커	공	안	락	의	자	퍼
서	게	관	진	공	거	울	튼	춤	수	도	깔	식	공
마	심	임	동	마	물	구	춤	물	심	낚	개	마	사
츠	가	공	그	다	여	편	수	투	물	책	상	캠	심
공	다	도	식	매	트	리	스	소	해	먹	장	선	법
이	림	휴	독	림	구	핑	식	임	파	핑	임	반	물
식	휴	마	게	재	마	예	활	진	수	기	수	재	그
권	낚	뽐	관	물	스	심	농	예	술	식	즐	킹	림
캠	재	식	심	게	야	시	독	그	침	대	이	낚	수
여	다	식	농	권	농	사	농	동	투	야	불	공	포
기	심	캠	포	뽐	구	물	예	게	벤	법	권	재	그
쿠	션	원	예	구	렵	원	기	여	동	치	투	스	베
기	다	춤	퍼	렵	식	하	진	낚	퍼	구	식	스	개
스	수	핑	기	서	임	하	물	봉	공	의	자	심	퍼

베개	책장
쿠션	이불
벤치	해먹
의자	책상
침대	안락의자
매트리스	선반
커튼	소파
거울	깔개

7 - Tempo

림	다	투	하	춤	법	예	진	월	재	예	렵	술	도
다	쁨	농	마	도	킹	서	예	야	렵	휴	도	캠	이
년	어	제	핑	핑	춤	원	여	투	활	세	달	쁨	즐
시	임	오	농	분	휴	임	임	주	권	기	력	권	예
하	미	늘	림	지	렵	원	캠	그	핑	편	물	예	퍼
쁨	임	래	전	금	낚	도	순	간	시	계	임	캠	마
기	포	츠	에	기	도	렵	투	휴	하	간	낚	림	마
정	오	아	츠	권	심	기	스	가	농	스	동	술	낚
캠	마	침	구	투	캠	투	캠	스	마	낚	독	킹	예
일	원	기	가	다	이	킹	하	구	츠	권	임	연	간
서	원	진	렵	술	이	임	가	동	즐	봉	공	낚	심
구	식	임	수	십	캠	수	춤	기	이	관	시	활	권
법	독	수	원	시	년	그	즐	임	봉	관	즐	임	임
권	임	하	사	물	가	킹	술	관	법	캠	진	밤	봉

지금   시간
전에   아침
연간   정오
달력   순간
십년   어제
미래   시계
오늘   세기

8 - Astronomia

```
심 권 유 물 로 편 야 여 마 휴 포 다 물 가
별 전 성 기 술 켓 소 행 성 야 권 기 핑 림 수
법 자 망 공 하 독 가 림 농 구 임 춤 즐 수 술
중 력 리 대 임 활 다 활 츠 이 예 활 캠 술 심
게 가 진 공 시 그 공 낚 서 츠 렵 춤 춤 심 여
공 지 원 투 츠 우 권 림 하 진 춤 퍼 임 여 렵
기 구 술 활 퍼 주 마 핑 마 구 구 식 예 렵 킹
관 관 재 핑 사 비 스 다 핑 츠 진 야 기 킹 농
달 춘 원 초 캠 행 가 렵 기 수 구 야 서 농 렵
마 분 춤 신 방 사 천 문 학 자 우 주 핑 렵 스
은 하 행 성 하 쁨 임 가 렵 공 코 스 모 스 모
기 늘 마 림 재 성 게 시 수 퍼 낚 술 캠 서 물
심 렵 식 하 활 운 활 림 이 편 시 물 쁨 물 독
하 구 수 여 독 편 기 예 법 마 즐 휴 가 독
```

소행성	중력
우주 비행사	유성
천문학자	성운
하늘	전망대
별자리	행성
코스모스	방사
춘분	초신성
로켓	지구
은하	우주

9 - Circo

편	예	이	게	도	핑	렵	원	림	도	독	코	마	다
도	봉	핑	캠	도	렵	편	캠	서	임	여	봉	끼	츠
가	구	기	가	권	임	진	춤	렵	하	독	원	뿜	리
즐	임	야	도	여	원	하	캠	하	퍼	다	스	숭	농
공	예	야	호	임	즐	야	스	심	트	곡	예	사	이
임	진	편	랑	술	구	경	꾼	마	릭	핑	텐	공	탕
여	구	스	이	휴	그	렵	요	술	쟁	이	트	사	심
예	법	투	하	다	시	휴	진	사	봉	음	구	재	풍
그	동	물	봉	공	독	구	퍼	심	복	악	야	원	선
사	여	뿜	여	가	사	예	재	춤	장	편	농	물	표
자	마	가	법	휴	활	관	하	사	구	뿜	뿜	기	식
마	법	스	마	킹	렵	게	농	핑	낚	여	낚	농	여
캠	가	츠	츠	사	술	낚	츠	여	킹	동	핑	공	렵
뿜	원	가	원	진	스	츠	투	뿜	야	재	편	권	마

곡예사	마법
동물	요술쟁이
풍선	마술사
사탕	음악
코끼리	텐트
구경꾼	호랑이
사자	복장
원숭이	트릭

10 - Acampamento

게	투	봉	재	농	서	춤	동	원	포	활	기	농	예
산	심	심	사	춤	뽐	활	편	서	동	물	뽐	원	물
다	지	도	나	법	수	기	가	뽐	진	독	즐	퍼	림
시	렵	퍼	재	침	투	카	시	예	다	관	퍼	킹	관
킹	킹	해	먹	퍼	반	누	자	게	다	식	게	가	수
모	험	림	수	농	시	스	연	심	식	시	편	구	원
수	편	봉	게	모	자	캠	가	츠	장	캠	원	기	뽐
야	렵	재	즐	낚	활	킹	봉	물	비	술	권	가	시
임	기	동	서	나	진	춤	재	렵	캐	빈	봉	권	휴
핑	농	곤	가	무	예	불	기	서	호	공	독	권	츠
즐	달	충	즐	법	원	동	숲	스	수	텐	트	핑	권
휴	봉	투	휴	원	림	진	활	휴	하	야	밧	여	하
포	농	캠	기	임	마	게	시	독	가	임	줄	법	킹
그	권	마	가	그	킹	서	사	캠	공	식	킹	즐	구

동물	밧줄
모험	장비
나무	곤충
나침반	호수
캐빈	해먹
수렵	지도
카누	자연
모자	텐트

11 - Emoções

동	두	려	움	포	권	수	휴	법	관	농	감	활	봉
구	정	렵	술	유	수	평	핑	기	식	임	사	랑	재
핑	사	킹	동	연	심	진	온	심	편	낚	법	기	기
게	구	관	식	함	편	마	춤	만	뽐	하	재	그	도
동	휴	즐	원	캠	낚	구	술	림	족	뽐	게	도	킹
봉	림	서	관	예	시	사	기	관	낚	독	흥	물	원
림	기	예	술	슬	품	진	뽐	평	화	마	분	하	츠
게	다	기	구	춤	심	활	기	친	절	동	한	핑	림
즐	하	여	기	권	편	하	낚	편	안	한	진	춤	서
츠	캠	원	다	여	그	재	활	투	공	권	임	도	봉
권	봉	임	서	시	식	렵	도	공	휴	투	예	활	낚
화	낚	킹	렵	퍼	독	가	예	림	퍼	춤	구	물	스
활	도	지	루	함	편	휴	캠	심	봉	다	술	캠	물
심	관	관	재	구	가	활	관	법	술	스	뽐	재	하

기쁨   편안한
사랑   만족
흥분한   동정
친절   유연함
감사   지루함
두려움   평온
평화   슬픔

12 - Ficção Científica

서	하	마	춤	활	사	법	여	서	야	핑	서	먼	독
렵	서	여	휴	재	물	영	화	퍼	캠	킹	원	렵	사
은	시	다	킹	킹	활	원	다	핑	그	뽐	야	다	농
편	하	진	동	환	상	적	인	편	활	렵	물	킹	동
퍼	시	공	관	구	상	폭	발	동	구	캠	사	활	춤
서	스	편	게	춤	의	서	기	핑	뽐	신	비	한	춤
독	원	포	미	가	봉	렵	츠	뽐	기	킹	구	야	예
춤	자	킹	래	공	시	기	수	투	낚	마	책	임	야
스	게	진	낚	스	하	이	독	심	유	퍼	츠	디	투
오	라	클	환	상	렵	기	림	그	토	낚	하	스	사
행	예	론	예	원	기	불	세	계	피	퍼	예	토	도
투	성	도	킹	예	가	뽐	가	권	아	뽐	술	피	기
식	로	즐	스	관	활	시	마	물	이	렵	재	아	술
그	핑	봇	식	재	야	도	예	재	림	진	농	캠	휴

원자
영화
클론
디스토피아
폭발
환상적인
미래
은하
환상

상상의
신비한
세계
오라클
행성
로봇
기술
유토피아

13 - Mitologia

림	예	식	원	활	물	예	번	원	술	그	캠	편	가
포	재	마	형	퍼	그	림	그	개	이	마	츠	기	활
야	해	독	가	여	독	투	투	투	법	다	투	핑	원
천	공	법	행	생	물	즐	즐	다	핑	재	서	천	국
임	둥	수	동	시	마	그	창	여	서	시	심	심	심
농	도	야	킹	권	쁨	그	조	기	진	도	구	가	야
물	사	사	동	포	신	술	마	봉	포	하	쁨	관	킹
권	낚	마	임	재	념	춤	힘	술	진	공	낚	문	질
불	원	임	서	동	물	편	게	쁨	수	포	킹	화	투
사	영	캠	마	공	캠	독	수	식	츠	림	도	스	임
농	웅	쁨	법	독	전	사	심	공	렵	킹	미	궁	식
야	이	킹	의	원	낚	재	공	림	전	핑	심	기	술
킹	법	다	야	동	여	마	괴	물	설	복	물	관	휴
활	동	수	활	킹	도	수	핑	킹	포	수	렵	림	투

원형
천국
질투
행동
신념
창조
생물
문화
재해
전사

영웅
불사
미궁
전설
마법의
괴물
번개
천둥
복수

14 - Medições

봉	정	핑	임	식	온	포	투	농	도	리	농	원	렵
농	도	동	즐	기	봉	스	센	티	미	터	렵	뽐	캠
법	봉	츠	물	활	도	게	진	투	춤	도	휴	예	식
킹	여	퍼	법	킬	로	그	램	깊	이	관	림	이	독
그	수	봉	물	로	츠	츠	휴	시	길	시	물	게	여
야	관	권	술	미	톤	게	십	바	이	트	음	퍼	기
심	투	분	권	터	스	가	키	진	원	질	량	춤	독
게	권	하	다	도	휴	그	미	터	수	량	봉	원	그
뽐	림	게	렵	스	식	권	램	뽐	그	기	야	권	마
핑	킹	즐	농	야	휴	술	가	수	시	서	춤	법	임
농	여	공	독	핑	예	사	투	뽐	여	하	그	시	다
시	농	술	하	휴	독	야	권	이	춤	츠	핑	기	캠
킹	관	가	시	이	너	비	법	활	낚	편	인	농	봉
스	예	도	퍼	임	퍼	수	그	무	게	기	치	이	심

바이트	미터
센티미터	온스
길이	무게
십진수	인치
그램	깊이
정도	킬로그램
너비	킬로미터
리터	음량
질량	

15 - Plantas

농	술	뺌	캠	꽃	플	로	라	베	퍼	퍼	수	낚	활
이	임	관	게	잎	구	하	다	리	여	비	료	가	포
시	츠	시	농	이	관	봉	기	대	사	심	림	렵	독
낚	진	농	구	다	농	다	시	임	나	술	물	서	원
기	동	구	렵	시	법	시	정	원	림	무	독	숲	킹
나	무	서	즐	렵	즐	포	캠	농	식	물	농	마	게
술	투	관	활	그	가	뺌	투	하	휴	시	콩	태	캠
아	서	재	독	캠	게	캠	낚	춤	부	여	이	양	게
게	이	기	임	춤	춤	이	이	끼	시	식	물	학	스
활	봉	비	잔	서	편	사	권	투	낚	투	독	구	휴
동	투	가	디	킹	권	핑	뿌	리	렵	야	림	심	식
관	휴	수	휴	낚	관	잎	킹	렵	가	퍼	편	휴	심
킹	킹	관	식	핑	초	동	핑	물	임	독	하	원	서
수	이	핑	봉	사	목	하	술	선	인	장	동	관	즐

부시	잔디
나무	아이비
베리	정원
대나무	이끼
식물학	꽃잎
선인장	뿌리
비료	태양
플로라	초목

16 - Veículos

버	봉	즐	동	물	가	스	야	하	택	포	도	예	그
스	여	쁨	이	식	법	쿠	도	반	시	하	즐	츠	이
캐	기	자	기	진	활	터	다	즐	헬	리	콥	터	원
러	렵	전	편	임	원	게	구	사	포	심	나	룻	배
밴	도	거	이	법	편	타	이	어	구	스	여	여	법
그	킹	도	즐	트	이	원	봉	구	이	시	핑	편	물
가	시	잠	활	럭	가	퍼	츠	이	원	휴	츠	구	춤
모	뗏	수	다	투	배	춤	편	심	재	춤	공	여	물
터	목	함	관	낚	쁨	춤	구	급	차	투	물	이	술
게	재	권	쁨	재	렵	편	사	낚	술	시	이	재	물
낚	법	이	로	하	쁨	여	야	사	농	킹	다	동	봉
스	스	법	야	켓	포	권	공	비	트	랙	터	쁨	공
게	렵	시	봉	활	지	하	철	투	행	술	그	차	권
낚	퍼	농	활	예	포	독	재	스	서	기	봉	츠	쁨

구급차	스쿠터
비행기	지하철
나룻배	모터
자전거	버스
트럭	타이어
캐러밴	잠수함
로켓	택시
헬리콥터	트랙터
뗏목	

17 - Restaurante # 2

즐	즐	낚	서	활	봉	독	저	쁨	낚	식	낚	다	심
법	숲	진	재	임	동	렵	녁	재	게	쁨	진	서	기
렵	가	서	예	심	웨	림	식	권	케	맛	있	는	소
즐	락	포	도	낚	이	의	사	포	그	이	이	구	금
퍼	기	크	렵	스	터	술	자	캠	캠	이	크	음	휴
물	고	기	투	식	수	프	관	포	도	향	신	료	캠
진	심	동	예	편	예	퍼	도	진	원	진	봉	채	여
야	게	퍼	동	얼	가	수	관	독	편	심	동	소	법
즐	렵	진	식	음	렵	동	서	포	쁨	마	식	봉	물
포	봉	활	샐	그	전	휴	과	림	동	원	림	심	법
이	휴	츠	러	법	서	채	일	점	심	수	춤	활	활
림	휴	휴	드	핑	킹	원	임	츠	투	스	물	심	물
포	림	쁨	마	관	춤	즐	봉	활	이	공	투	핑	가
술	춤	시	공	수	관	식	봉	야	국	수	도	캠	농

점심
전채
음료
케이크
의자
숟가락
맛있는
향신료
과일
웨이터

포크
얼음
저녁 식사
채소
국수
물고기
소금
샐러드
수프

18 - Países #2

캠	츠	봉	레	마	파	독	프	휴	게	퍼	소	마	휴
야	하	알	바	니	아	키	랑	마	수	법	말	심	투
도	서	식	논	원	일	심	스	휴	스	사	리	독	핑
구	서	가	서	독	랜	독	서	탄	림	법	아	뽐	수
물	스	다	물	서	드	봉	마	하	덴	마	크	식	림
그	아	이	티	일	동	인	권	권	구	즐	농	동	퍼
리	예	투	도	본	다	도	즐	이	권	활	활	시	그
스	식	휴	활	휴	러	네	기	기	구	식	재	나	뽐
권	킹	공	권	가	멕	시	코	츠	식	그	스	이	활
재	독	구	사	시	우	아	아	우	퍼	임	물	지	공
독	마	서	재	리	간	수	독	다	크	봉	자	리	동
게	킹	하	재	아	다	춤	임	동	낚	라	메	아	뽐
투	캠	시	편	낚	여	시	낚	휴	핑	오	이	포	술
네	팔	핑	사	낚	식	핑	이	구	춤	스	카	나	다

알바니아
덴마크
프랑스
그리스
아이티
인도네시아
아일랜드
자메이카
일본
라오스

레바논
멕시코
네팔
나이지리아
파키스탄
러시아
시리아
소말리아
우크라이나
우간다

19 - Cozinha

관	휴	그	퍼	술	캠	법	냅	낚	즐	야	포	크	스
컵	봉	릇	릴	냉	장	고	킨	편	도	식	림	예	편
킹	오	스	퍼	국	활	야	동	봉	앞	기	캠	렵	지
숟	븐	주	전	자	츠	춤	하	기	이	치	수	포	렵
가	냉	동	고	법	시	휴	구	향	신	료	마	칼	휴
락	이	관	포	마	물	레	시	피	낚	마	츠	수	킹
법	포	츠	마	다	야	서	림	공	술	하	낚	심	야
캠	진	여	림	휴	임	심	관	심	도	관	기	동	법
항	관	여	그	여	그	스	휴	재	편	스	츠	여	재
아	기	술	킹	여	공	다	투	물	포	즐	농	공	도
리	농	춤	물	재	춤	렵	포	게	시	퍼	핑	봉	술
그	공	하	낚	뿜	독	하	편	휴	휴	도	술	임	뿜
핑	핑	젓	가	락	마	식	기	렵	여	구	진	수	기
퍼	마	기	진	편	권	원	퍼	마	물	스	시	즐	동

앞치마	포크
주전자	냉장고
숟가락	그릴
국자	냅킨
향신료	항아리
스펀지	젓가락
오븐	레시피
냉동고	그릇

20 - Brinquedos

투	로	임	이	춤	심	츠	관	캠	농	퍼	관	공	퍼
춤	포	봇	봉	좋	진	포	휴	가	하	공	스	점	토
하	투	봉	킹	아	심	공	즐	구	여	낚	공	활	관
식	독	사	포	하	시	드	공	게	여	법	자	원	낚
트	럭	하	동	는	스	럼	비	행	기	법	전	임	재
심	하	재	포	심	동	낚	진	림	다	농	거	임	식
야	투	법	춤	가	캠	츠	편	야	킹	캠	퍼	킹	활
재	그	하	그	진	여	배	공	도	구	렵	공	춤	투
서	그	스	이	게	이	인	형	상	상	력	예	임	휴
관	게	게	서	야	렵	책	가	렵	렵	마	권	서	낚
도	체	연	임	차	활	관	동	이	편	수	식	기	봉
핑	스	낚	다	마	킹	수	술	진	예	식	물	그	뿜
진	봉	심	게	도	예	재	림	권	기	다	야	서	낚
재	활	재	권	물	공	그	춤	그	구	스	시	동	서

점토
공예
비행기
드럼
자전거
인형

트럭
좋아하는
상상력
게임
로봇
체스

21 - Verão

낙	낚	야	음	다	다	활	법	킹	가	관	즐	공	스
해	편	다	악	법	동	가	재	사	족	권	사	진	독
구	변	그	심	심	동	스	캠	핑	식	법	예	친	구
춤	식	기	봉	핑	휴	활	다	도	진	시	그	예	예
물	렵	쁨	예	게	동	식	식	투	투	수	림	원	림
물	투	물	술	기	마	가	진	춤	책	활	즐	퍼	낚
물	활	가	독	스	식	포	가	진	여	게	하	낚	활
핑	재	그	식	진	마	임	술	동	그	가	투	즐	핑
마	권	편	쁨	물	캠	진	여	가	휴	가	하	마	봉
다	심	도	포	마	원	수	행	물	마	편	재	진	원
이	예	춤	농	게	스	집	다	권	게	포	핑	재	투
빙	쁨	캠	그	스	임	공	사	킹	킹	이	하	식	공
춤	휴	법	킹	낚	마	시	기	서	렵	시	그	이	예
휴	식	정	원	바	다	법	캠	쁨	서	별	샌	들	진

캠핑
기쁨
친구
가족
정원
게임
여가

바다
다이빙
음악
해변식
휴샌들
여행

22 - Material de Arte

브	술	접	착	제	야	가	포	농	수	게	뽐	시	도
러	도	게	물	활	봉	가	게	의	렵	도	기	동	수
쉬	카	활	마	시	권	공	농	포	자	공	동	휴	채
포	메	스	스	원	림	구	투	법	투	술	예	휴	화
그	라	점	토	예	진	독	동	법	그	서	농	여	스
종	투	술	심	이	구	봉	사	렵	마	낚	렵	원	관
이	기	식	원	연	표	진	원	물	봉	예	창	의	성
활	구	원	권	도	필	지	관	편	구	킹	림	킹	봉
관	다	포	기	시	술	우	캠	서	림	원	진	아	색
진	게	포	게	핑	숯	개	하	이	투	가	잉	크	상
파	스	텔	공	렵	스	캠	관	편	게	그	관	릴	마
동	권	포	법	츠	화	관	식	공	캠	다	시	도	그
휴	수	뽐	기	서	가	임	춤	렵	기	동	술	봉	즐
동	낚	재	름	하	휴	심	가	렵	캠	임	뽐	서	퍼

아크릴	색상
지우개	창의성
수채화	브러쉬
점토	연필
의자	기름
화가	종이
카메라	파스텔
접착제	잉크

23 - Números

춤	권	서	두	핑	다	구	열	다	섯	사	삼	진	낚
시	동	농	열	두	법	봉	공	셋	가	낚	도	렵	권
구	임	가	킹	도	포	스	킹	투	게	스	술	관	물
독	휴	영	휴	술	투	농	캠	휴	퍼	낚	낚	낚	도
사	마	십	진	수	포	봉	여	다	섯	즐	스	수	물
농	물	편	다	공	도	예	기	여	권	가	편	그	핑
예	관	십	휴	림	공	편	야	춤	덟	렵	식	스	틴
봉	공	사	구	휴	하	사	재	낚	서	그	식	물	캠
활	식	이	킹	술	나	스	포	서	수	독	수	휴	기
활	이	공	캠	구	관	사	물	이	공	뿜	여	섯	킹
십	핑	심	퍼	킹	물	임	동	뿜	마	핑	수	도	물
열	일	곱	일	곱	권	킹	진	권	활	아	포	여	관
이	휴	예	퍼	공	봉	투	관	술	서	홉	심	기	다
법	물	낚	기	즐	가	십	팔	킹	도	예	권	투	캠

다섯
십진수
식스틴
열일곱
십팔
열두
아홉
여덟

십사
열 다섯
여섯
일곱
열셋
하나
스물

24 - Ferramentas

술	독	호	뽐	삽	술	동	식	물	여	렵	나	춤	즐
그	토	치	편	휴	가	망	독	휠	재	그	농	사	게
예	재	키	포	독	봉	치	밧	포	관	도	시	가	가
춤	뽐	스	스	물	스	낚	춤	심	스	진	츠	야	권
가	낚	심	투	휴	편	권	원	진	림	사	진	그	봉
츠	위	도	권	사	재	시	사	관	하	포	스	다	동
독	투	농	끼	다	수	림	사	서	수	수	테	게	스
즐	펜	킹	포	리	예	권	춤	농	야	진	이	임	임
야	치	활	킹	시	술	뽐	접	착	제	낚	플	마	술
도	낚	렵	원	식	가	기	퍼	시	포	도	원	렵	투
낚	기	농	핑	여	게	렵	권	사	재	여	핑	농	활
관	재	핑	춤	면	도	기	스	진	휴	법	투	술	수
물	법	원	독	서	춤	다	그	캠	케	이	블	공	림
즐	림	독	이	하	춤	칼	휴	그	식	독	림	술	킹

펜치	도끼
케이블	망치
접착제	면도기
밧줄	나사
사다리	가위
호치키스	토치
스테이플	

25 - Especiarias

가	투	예	물	퍼	재	이	낚	츠	수	술	고	후	게
즐	독	마	봉	공	진	식	휴	맛	투	농	수	추	스
게	킹	투	활	술	휴	캠	재	예	활	물	풀	술	농
기	달	콤	한	임	킹	포	가	다	권	사	프	란	렵
기	게	휴	스	사	계	림	핑	임	수	술	여	그	춤
야	소	금	육	두	구	피	춤	독	재	바	닐	라	아
퍼	사	스	그	마	게	임	예	진	낚	야	하	농	니
하	다	다	커	민	여	림	도	게	낚	게	시	투	스
그	카	감	초	식	사	다	캠	재	휴	도	양	파	술
핑	레	르	봉	림	공	봉	공	다	법	서	생	강	봉
심	낚	투	다	사	수	가	마	늘	회	림	퍼	킹	캠
가	기	여	임	몸	포	활	서	정	향	봉	원	핑	봉
편	봉	뺌	포	여	쓴	사	포	퍼	물	예	즐	물	심
재	봉	진	관	핑	가	여	공	편	동	공	편	수	렵

사프란	고수풀
감초	커민
마늘	정향
아니스	달콤한
바닐라	회향
계피	생강
카르다몸	육두구
카레	후추
양파	소금

26 - Aniversário

진	이	농	법	법	마	농	농	서	원	축	양	권	사
재	구	포	기	림	진	법	관	서	캠	하	초	농	년
가	렵	쁨	시	예	야	그	동	수	쁨	활	술	대	물
스	편	농	공	기	물	서	원	수	킹	쁨	예	원	장
야	선	법	게	예	관	스	그	렵	편	낚	시	츠	킹
봉	캠	물	시	게	친	케	이	크	술	휴	각	식	킹
특	별	한	노	래	구	카	드	심	봉	공	퍼	심	즐
휴	하	킹	퍼	낚	일	동	다	도	츠	다	활	스	거
임	이	시	핑	예	심	하	캠	봉	스	태	어	난	운
사	법	동	독	림	츠	재	츠	도	사	법	린	독	기
그	임	즐	원	공	츠	임	권	캠	달	낚	심	심	물
진	행	복	한	원	이	사	츠	지	력	기	진	구	츠
재	쁨	물	여	공	이	다	구	술	혜	킹	마	쁨	쁨
스	사	공	공	낚	림	츠	렵	렵	쁨	킹	예	이	그

즐거운   선물
친구   특별한
케이크   행복한
달력   어린
노래   태어난
카드   지혜
축하   시각
초대장   양초

27 - Casa

원	도	수	쁨	여	이	수	가	여	독	권	캠	가	독
권	공	도	서	관	권	편	투	진	공	즐	렵	춤	심
하	게	꼭	여	봉	방	활	식	심	핑	권	렵	스	퍼
가	캠	지	림	독	가	물	식	물	가	농	권	가	차
편	임	포	독	렵	츠	구	비	시	스	야	농	하	고
시	핑	포	퍼	물	농	그	투	그	관	공	여	여	관
심	츠	퍼	구	야	퍼	물	킹	서	천	캠	진	낚	창
핑	문	캠	게	휴	법	농	휴	게	장	포	가	키	츠
식	킹	법	정	원	농	권	사	공	애	킹	식	관	렵
투	활	마	부	엌	구	커	활	원	틱	거	샤	워	봉
야	렵	봉	도	이	포	마	튼	식	재	울	포	시	독
하	마	야	난	활	깔	구	진	관	휴	타	마	구	술
휴	스	봉	로	서	개	도	게	원	술	리	농	벽	가
심	투	춤	캠	퍼	동	퍼	사	낚	술	이	예	캠	도

도서관 정원
울타리 난로
샤워 가구
커튼 애틱
부엌 깔개
거울 천장
차고 수도꼭지

28 - Vegetais

휴	뺌	농	식	수	가	포	심	가	시	수	활	휴	춤
편	마	관	사	렵	오	이	관	수	관	게	법	샬	롯
포	야	심	버	예	스	독	렵	야	봉	그	시	술	원
관	퍼	물	섯	아	공	림	원	생	공	농	휴	예	킹
원	당	근	심	감	티	낚	뺌	야	강	렵	츠	관	편
심	농	편	예	자	서	초	그	재	포	편	시	게	투
시	금	치	봉	하	활	서	크	브	무	구	원	식	공
완	두	콩	양	가	지	도	술	로	도	재	핑	츠	물
법	독	다	물	파	슬	리	즐	콜	스	낚	포	물	원
수	심	활	물	이	가	림	야	리	수	편	예	낚	농
다	순	무	토	예	예	임	렵	재	스	뺌	샐	캠	츠
예	하	춤	마	편	휴	법	춤	뺌	사	셀	러	리	림
가	진	츠	토	휴	퍼	호	재	예	법	마	드	야	서
물	수	관	재	활	렵	박	진	진	봉	늘	핑	술	술

호박	버섯
셀러리	완두콩
아티초크	시금치
마늘	생강
감자	순무
가지	오이
브로콜리	샐러드
양파	파슬리
당근	토마토
샬롯	

29 - Exploração

츠	구	예	원	가	공	공	봉	공	동	법	기	쁨	기
발	견	여	행	수	킹	술	여	도	용	공	야	생	기
기	도	흥	물	그	츠	동	관	그	기	원	퍼	재	휴
재	동	분	게	법	쁨	수	하	마	수	동	퍼	결	퍼
림	여	도	다	물	진	핑	진	투	권	원	봉	정	쁨
새	로	운	즐	술	도	식	하	츠	렵	휴	문	츠	포
활	진	예	식	투	공	스	술	이	술	편	재	화	투
동	사	권	관	도	퍼	술	시	재	스	재	사	야	권
물	서	낚	휴	핑	춤	킹	구	독	기	가	야	퍼	술
농	식	렵	쁨	기	관	츠	독	게	춤	위	심	지	낚
게	휴	림	우	먼	도	츠	동	봉	즐	야	활	험	형
쁨	츠	임	물	주	공	츠	하	재	물	여	편	캠	퍼
사	물	낚	춤	캠	활	임	법	동	렵	야	권	그	렵
기	진	즐	게	식	술	피	로	법	공	언	어	가	편

동물
활동
용기
문화
발견
결정
우주
피로

흥분
언어
새로운
위험
야생
지형
여행

30 - Balé

법	농	원	발	봉	관	법	포	스	나	농	사	물	제
진	원	물	레	쁨	야	안	게	타	타	리	근	육	스
작	곡	가	리	우	관	무	서	일	내	듬	허	렵	처
춤	기	봉	나	아	림	핑	관	봉	는	투	사	설	쁨
시	기	독	법	한	도	술	야	술	강	공	스	관	재
캠	술	하	야	재	여	진	법	물	다	렬	댄	서	캠
진	농	식	춤	물	독	관	시	편	그	림	함	편	하
임	휴	핑	낚	포	식	하	도	법	렵	림	도	관	구
식	술	예	식	이	마	오	편	술	진	식	식	농	춤
낚	원	술	권	사	스	케	연	습	게	기	다	퍼	캠
심	편	적	즐	즐	독	스	투	캠	독	주	진	시	핑
음	도	봉	진	림	쁨	트	청	하	캠	활	퍼	기	다
박	악	이	원	즐	술	라	중	동	춤	공	법	관	여
수	관	원	서	게	렵	술	스	서	기	법	시	림	츠

박수   우아한
예술적   강렬함
발레리나   근육
작곡가   음악
안무   오케스트라
댄서   연습
리허설   청중
스타일   리듬
나타내는   독주
제스처   기술

31 - Adjetivos #1

킹	얇	은	편	심	스	관	야	중	그	수	임	하	독
휴	진	이	원	물	봉	대	방	요	식	춤	수	하	독
정	직	한	퍼	심	각	한	농	향	관	도	야	법	즐
휴	식	퍼	무	느	린	다	편	매	족	동	기	식	핑
물	투	임	권	거	심	완	야	력	시	도	구	물	독
구	가	도	어	두	운	벽	킹	적	포	원	술	기	가
동	휴	다	동	신	비	한	기	인	가	가	동	식	낚
현	대	예	술	적	귀	원	술	즐	휴	킹	낚	예	킹
동	일	수	재	휴	중	이	낚	물	스	재	원	즐	큰
이	관	공	낚	편	한	활	하	캠	독	투	시	킹	야
심	국	춤	수	휴	시	예	게	서	순	식	공	거	휴
농	하	적	포	휴	서	림	법	시	수	포	임	대	봉
퍼	기	다	인	스	술	편	독	술	한	시	구	한	다
편	심	술	권	편	하	서	림	법	구	원	심	임	춤

순수한	동일
방향족	중요
예술적	느린
매력적인	신비한
거대한	현대
어두운	완벽한
이국적인	무거운
얇은	심각한
관대 한	귀중한
정직한	

32 - Insetos

츠 재 독 무 츠 바 나 그 마 마 기 춤 즐 식
사 술 편 가 당 퀴 편 비 임 스 재 물 농 핑
원 관 동 진 말 벌 레 진 도 킹 동 하 하 뿜
즐 기 심 사 활 레 레 츠 공 도 사 식 농 이
사 심 법 수 권 벌 원 동 흰 매 가 관 재 봉
딱 정 벌 레 그 렵 포 권 개 미 농 모 기 편
수 예 편 가 휴 구 재 예 미 동 게 투 퍼 렵
법 메 뚜 기 이 킹 도 술 게 진 핑 휴 렵 재
임 재 이 구 스 포 핑 낚 농 딧 게 뿜 핑 퍼
마 재 퍼 여 서 임 농 잠 캠 물 핑 나 스 활
원 마 사 임 원 임 서 자 포 퍼 다 수 방 시
독 여 마 다 투 원 투 리 동 동 물 독 여 기
유 충 귀 재 벼 이 권 서 수 법 편 휴 낚 권
하 퍼 킹 술 룩 봉 농 시 렵 투 도 수 수 도

바퀴벌레   잠자리
딱정벌레   사마귀
나비   나방
매미   벌레
흰개미   모기
개미   벼룩
메뚜기   진딧물
무당벌레   말벌
유충

33 - Paisagens

봉	법	마	렵	가	뽐	농	기	림	사	렵	마	봉	뽐
가	투	뽐	캠	핑	그	여	휴	심	서	시	식	물	빙
시	캠	편	원	법	서	서	독	투	봉	임	농	화	산
재	서	휴	킹	임	사	마	포	기	여	임	동	구	도
골	포	임	서	핑	춤	재	낚	서	시	서	토	진	춤
짜	춤	봉	식	도	농	법	춤	편	공	이	대	오	봉
기	독	언	빙	하	해	변	반	늪	편	춤	킹	아	퍼
구	호	강	덕	스	바	동	도	독	봉	마	낚	시	즐
마	다	수	기	봉	다	굴	동	핑	시	술	다	스	낚
사	춤	핑	술	휴	식	즐	권	도	여	권	림	사	활
막	뽐	다	여	가	스	대	관	동	식	뽐	폭	포	만
다	공	하	도	킹	독	양	예	관	권	퍼	스	그	하
도	독	농	춤	춤	식	서	동	게	예	도	다	다	스
림	림	관	원	투	섬	사	마	도	여	여	퍼	관	임

폭포
동굴
언덕
사막
빙하
빙산
호수
바다

오아시스
대양
반도
해변
동토대
골짜기
화산

34 - Dança

음	캠	원	봉	츠	학	원	공	농	은	봉	여	권	수
악	하	하	투	공	츠	법	그	시	혜	활	쁨	츠	림
구	그	법	투	원	물	안	구	렵	공	진	술	쁨	도
나	타	내	는	낚	츠	무	공	활	편	심	포	다	자
렵	렵	그	예	활	예	서	고	전	핑	여	예	투	세
재	가	가	렵	하	렵	낚	퍼	관	그	진	게	술	즐
시	각	퍼	수	동	즐	퍼	편	낚	몸	림	리	허	설
원	활	림	그	감	정	전	통	적	시	투	듬	포	임
렵	낚	이	퍼	술	봉	낚	술	봉	진	식	포	식	동
이	즐	거	운	문	심	춤	쁨	야	재	다	사	핑	기
이	사	그	동	여	화	농	재	핑	관	킹	편	활	심
킹	법	핑	포	춤	편	야	핑	파	퍼	킹	재	게	서
낚	사	그	핑	핑	원	농	도	트	쁨	심	게	원	독
즐	활	법	심	그	수	동	구	너	도	술	진	캠	기

학원	은혜
즐거운	운동
예술	음악
고전	파트너
안무	자세
문화	리듬
감정	전통적
리허설	시각
나타내는	

35 - Nutrição

농	맛	편	동	츠	편	법	핑	츠	사	게	동	심	권
농	스	야	캠	시	편	재	스	법	관	그	임	사	기
탄	품	질	핑	재	도	원	낚	스	야	마	낚	심	액
핑	수	게	활	영	건	강	한	그	식	소	스	편	체
즐	임	화	퍼	양	동	식	도	이	이	용	단	백	질
심	수	쓴	물	소	예	캠	이	사	핑	가	쁨	동	구
활	도	수	투	화	츠	무	게	그	캠	편	퍼	마	건
투	다	사	균	칼	로	리	임	심	포	공	츠	시	강
쁨	법	재	가	형	즐	구	캠	다	식	술	도	도	야
편	낚	예	그	렵	잡	발	효	이	식	욕	렵	하	봉
독	소	여	독	퍼	술	한	재	어	편	수	독	봉	야
림	농	기	물	심	관	게	비	트	진	기	캠	스	재
물	수	림	술	법	스	이	타	즐	캠	가	포	캠	독
농	츠	시	독	하	진	수	민	투	독	법	낚	하	투

식욕	소스
칼로리	영양소
탄수화물	무게
식용	단백질
다이어트	품질
소화	건강한
균형 잡힌	건강
발효	독소
액체	비타민

36 - Disciplinas Científicas

법	츠	킹	권	게	천	진	수	투	면	활	그	시	야
야	마	게	재	이	문	서	원	열	역	학	지	스	가
동	물	학	고	고	학	사	신	경	학	기	질	수	가
사	회	학	킹	봉	하	여	캠	쁨	진	킹	학	재	사
생	태	학	낚	예	동	임	킹	기	수	재	농	시	게
독	화	렵	휴	여	관	포	사	관	권	공	원	투	여
구	학	학	재	캠	가	권	구	술	림	도	식	광	도
동	즐	원	언	가	운	농	시	낚	술	즐	공	물	하
진	물	법	어	활	즐	동	봉	낚	권	포	이	학	학
기	상	학	학	농	공	림	학	수	법	림	포	포	동
림	쁨	기	원	독	재	예	렵	여	낚	재	법	그	포
게	생	리	학	킹	수	법	여	원	도	물	기	원	봉
생	물	학	도	림	즐	심	리	학	낚	사	술	수	휴
퍼	그	기	투	시	봉	임	진	해	부	물	즐	식	캠

해부	면역학
고고학	언어학
천문학	기상학
생물학	광물학
생화학	신경학
식물학	심리학
운동학	화학
생태학	사회학
생리학	열역학
지질학	동물학

37 - Meditação

선	명	도	수	락	임	재	야	렵	예	공	게	관	수
춤	평	화	심	야	스	진	구	이	구	술	식	츠	포
봉	기	동	마	편	공	그	여	술	퍼	활	츠	도	도
야	법	사	춤	그	휴	퍼	원	친	재	스	연	민	봉
낚	즐	구	법	식	원	야	감	절	침	묵	여	재	사
낚	포	스	퍼	다	퍼	가	구	사	서	가	관	활	서
가	동	식	마	물	임	르	예	낚	림	포	게	독	하
물	기	깨	어	정	신	침	권	포	사	공	감	심	이
즐	독	퍼	림	여	그	도	식	법	이	물	정	재	편
시	야	휴	원	재	퍼	관	주	음	악	관	점	기	포
수	뿜	공	사	그	마	캠	의	자	투	찰	츠	핑	원
술	물	봉	운	동	음	생	킹	연	세	도	권	다	퍼
동	사	동	그	식	농	스	각	하	서	시	진	기	물
동	퍼	스	심	동	물	캠	다	동	봉	뿜	게	시	낚

수락	마음
깨어	운동
주의	음악
친절	자연
선명도	관찰
연민	평화
감정	생각
가르침	관점
감사	자세
정신	침묵

38 - Artes Visuais

핑	관	마	펜	밀	구	성	점	야	이	휴	핑	즐	시
수	그	연	사	랍	쁨	구	포	토	수	마	포	다	여
킹	수	필	물	법	서	원	물	스	진	사	예	하	렵
바	니	시	관	동	야	여	다	식	도	마	진	킹	심
가	핑	편	예	수	술	물	이	가	건	축	학	술	권
휴	렵	서	농	다	춤	캠	킹	원	관	예	도	캠	시
캠	술	동	관	렵	휴	휴	여	낚	점	농	포	관	창
예	술	농	포	관	이	술	퍼	사	기	필	숯	즐	의
춤	그	다	술	캠	게	캠	하	사	동	름	임	핑	성
독	걸	작	진	핑	권	휴	포	여	진	사	야	그	츠
그	예	분	여	츠	봉	가	심	재	조	사	구	츠	스
렵	도	필	공	독	하	예	예	쁨	각	물	렵	츠	법
게	기	스	텐	실	하	킹	렵	술	츠	봉	농	동	이
하	다	예	핑	농	휴	시	여	농	가	초	상	화	가

점토
건축학
예술가
화가
밀랍
도기
구성
창의성
조각

스텐실
필름
사진
분필
연필
걸작
관점
초상화
바니시

39 - Instrumentos Musicais

야	구	렵	활	북	공	다	임	만	쁨	탬	바	피	림
다	이	다	심	원	가	플	루	트	돌	버	이	아	여
휴	도	재	림	서	수	츠	공	롬	시	린	올	노	투
관	이	술	렵	임	서	식	캠	본	진	사	린	킹	식
기	타	도	핑	트	킹	춤	징	서	서	서	수	활	동
림	휴	활	편	예	럼	다	이	림	캠	게	봉	낚	술
권	캠	임	식	그	마	펫	게	수	쁨	도	낚	다	활
오	보	에	서	하	림	림	진	춤	색	소	폰	첼	심
츠	권	렵	독	츠	바	순	밴	조	수	재	기	로	재
식	동	클	관	도	투	농	물	관	예	마	투	시	예
즐	심	라	가	하	림	동	편	심	하	독	독	투	야
봉	농	리	임	원	모	임	낚	타	프	야	투	농	편
그	기	넷	독	핑	활	니	핑	악	하	구	물	도	낚
게	식	하	투	임	이	킹	카	기	렵	임	핑	캠	캠

만돌린	탬버린
밴조	타악기
클라리넷	피아노
바순	색소폰
플루트	트롬본
하모니카	트럼펫
하프	기타
마림바	바이올린
오보에	첼로

40 - Escola #1

봉	휴	게	킹	예	게	여	시	활	뺌	편	도	원	즐
법	뺌	포	낚	펜	기	권	시	진	스	식	알	파	벳
독	핑	춤	심	심	뺌	킹	원	권	편	재	여	술	봉
수	봉	관	킹	재	춤	렵	포	심	시	농	낚	원	이
활	퍼	권	임	구	물	술	캠	핑	핑	재	렵	수	시
공	봉	야	캠	시	캠	동	포	스	림	야	재	즐	편
포	즐	투	여	임	험	심	활	점	임	이	가	림	림
낚	게	이	휴	킹	법	편	스	심	마	커	낚	친	서
림	이	야	예	게	물	시	예	숫	답	핑	편	구	임
활	휴	관	예	수	술	림	의	자	변	권	킹	권	포
수	수	가	야	스	학	그	핑	하	렵	관	츠	하	예
예	퍼	진	예	시	연	림	도	캠	낚	편	공	수	춤
폴	물	농	뺌	즐	필	권	서	여	마	게	종	이	야
더	원	선	생	님	퀴	즈	관	권	심	임	책	상	심

알파벳	수학
점심	책상
친구	숫자
도서관	종이
의자	폴더
시험	선생님
연필	퀴즈
마커	답변

41 - Adjetivos #2

포	스	낚	게	그	자	낚	예	기	가	투	가	사	츠
마	른	동	시	캠	랑	연	새	로	운	즐	구	독	서
수	봉	그	휴	가	스	정	스	킹	뜨	포	낚	임	물
예	권	즐	낚	킹	러	상	편	러	거	핑	봉	투	휴
스	렵	진	즐	독	운	흥	미	로	운	관	편	포	포
물	서	독	사	짠	동	츠	동	하	사	서	임	수	농
사	동	츠	그	야	독	독	독	휴	투	야	농	권	야
다	임	츠	캠	생	예	창	츠	다	킹	재	서	심	그
뿜	이	하	낚	퍼	산	조	핑	서	사	구	권	그	스
낚	퍼	서	춤	영	재	적	예	가	스	재	물	춤	야
봉	사	렵	술	관	렵	술	인	유	설	술	킹	책	여
다	캠	건	사	우	편	진	이	명	명	스	시	임	그
다	동	즐	강	아	정	순	수	한	동	야	물	춤	스
게	이	야	한	한	통	술	도	마	심	여	휴	킹	물

정통	새로운
창조적	자랑스러운
설명	생산적인
영재	순수한
우아한	뜨거운
유명한	책임
강한	건강한
흥미로운	마른
자연스러운	야생
정상	

42 - Roupas

뺌	구	포	즐	장	독	구	서	농	츠	휴	독	즐	권
공	스	활	진	갑	시	킹	앞	치	마	재	농	춤	진
도	권	캠	임	이	임	임	물	하	마	서	코	그	가
목	걸	이	킹	활	투	구	동	츠	킹	벨	트	그	이
기	낚	스	림	독	마	식	휴	킹	예	기	마	킹	식
팔	휴	뺌	즐	편	독	뺌	이	편	권	사	블	양	기
법	찌	다	술	이	하	구	술	진	청	킹	라	말	물
재	임	뺌	진	독	물	독	권	기	바	구	우	재	킷
다	활	임	임	원	렵	편	술	구	지	활	스	패	샌
시	게	사	권	시	법	낚	여	동	시	동	웨	션	들
농	활	수	투	편	잠	캠	포	활	시	림	터	구	두
가	수	가	바	뺌	옷	마	휴	관	동	농	여	활	즐
이	원	모	지	진	봉	독	심	드	레	스	낚	이	원
구	물	야	자	캠	다	구	하	스	이	림	셔	츠	진

앞치마	장갑
블라우스	양말
바지	패션
셔츠	잠옷
코트	팔찌
모자	치마
벨트	샌들
목걸이	구두
재킷	스웨터
청바지	드레스

43 - Herbalismo

림	재	편	여	그	식	그	타	예	츠	맛	이	예	심
심	활	독	구	낚	물	이	라	벤	더	활	핑	낚	관
야	츠	법	츠	휴	재	츠	곤	다	즐	식	여	야	관
휴	렵	하	바	질	재	관	렵	게	독	유	기	즐	심
그	기	낚	뽐	킹	봉	뽐	재	진	고	권	익	즐	꽃
구	구	진	재	휴	임	츠	술	수	수	구	가	한	뽐
투	그	야	가	기	독	권	마	뽐	풀	방	향	족	원
시	공	수	공	술	임	즐	늘	츠	공	백	퍼	이	편
캠	물	렵	시	성	분	림	로	즈	마	리	진	투	포
파	슬	리	동	관	정	원	가	캠	조	향	다	게	도
사	킹	활	핑	뽐	이	물	사	서	람	재	하	녹	퍼
춤	활	낚	서	게	임	게	프	임	구	예	그	색	킹
핑	예	다	봉	게	스	뽐	란	하	춤	심	공	이	그
회	향	예	진	뽐	공	술	독	림	농	구	물	품	질

사프란	정원
로즈마리	라벤더
마늘	바질
방향족	마조람
유익한	식물
고수풀	품질
타라곤	파슬리
회향	백리향
성분	녹색

44 - Férias #1

핑	표	공	사	박	렵	뽐	야	수	활	기	동	식	그
낚	스	츠	수	식	물	세	포	즐	뽐	공	권	림	기
일	원	식	봉	재	기	관	광	객	핑	도	뽐	이	구
원	정	핑	구	식	캠	관	츠	서	사	시	이	농	시
츠	렵	렵	투	편	동	휴	구	술	원	예	그	식	가
비	여	예	츠	핑	법	관	림	농	공	원	원	식	전
투	행	그	서	가	스	구	독	식	이	독	관	편	차
여	가	기	봉	시	캠	렵	서	퍼	뽐	권	렵	다	농
가	방	봉	시	동	기	렵	봉	술	도	림	출	발	활
츠	킹	원	도	독	법	렵	하	핑	휴	물	진	서	시
통	법	진	심	림	술	스	술	림	재	활	활	서	퍼
화	춤	권	구	휴	수	구	봉	킹	서	도	뽐	휴	투
우	산	공	진	도	농	시	동	게	여	호	수	식	포
예	식	사	배	낭	동	가	서	심	킹	마	원	핑	투

세관   여행 가방
비행기   배낭
시가 전차   통화
원정   박물관
우산   출발
일정   휴식
호수   관광객

45 - Frutas

야	수	블	뼘	림	서	예	구	뼘	활	킹	춤	술	스
진	무	랙	즐	킹	관	법	서	사	권	도	파	동	캠
사	화	베	투	가	심	심	핑	권	투	물	임	파	다
투	과	리	식	기	투	물	가	퍼	원	마	진	예	야
여	마	림	진	사	시	뼘	동	수	바	도	재	이	술
술	체	리	원	서	마	진	캠	렵	즐	나	심	레	몬
포	기	농	퍼	사	핑	임	휴	즐	진	물	나	농	가
투	봉	재	뼘	아	식	킹	편	야	야	배	시	살	여
동	렵	망	게	보	파	식	포	낚	오	렌	지	구	퍼
물	임	고	사	카	인	천	도	복	숭	아	도	퍼	권
퍼	휴	코	재	도	애	진	재	숭	진	사	게	포	퍼
베	리	코	예	하	플	구	독	아	농	이	캠	하	가
권	편	넛	여	기	캠	츠	여	라	즈	베	리	진	동
공	게	법	키	위	사	킹	포	공	구	투	서	기	킹

아보카도	키위
파인애플	오렌지
블랙베리	레몬
베리	사과
바나나	파파야
체리	망고
코코넛	천도 복숭아
살구	복숭아
무화과	포도
라즈베리	

46 - Corpo Humano

피	머	리	동	즐	즐	가	이	물	다	리	야	도	게
도	부	술	임	투	캠	휴	츠	원	서	포	낚	마	심
낚	심	장	권	농	구	휴	이	편	활	스	수	다	이
츠	수	게	이	마	기	그	임	법	술	마	캠	봉	구
독	팔	꿈	치	활	퍼	진	투	야	구	투	도	기	법
휴	림	심	즐	술	퍼	시	발	목	원	이	임	즐	낚
무	릎	편	턱	퍼	술	시	기	기	야	츠	예	춤	활
게	서	술	스	캠	권	편	코	동	시	임	봉	물	핑
낚	법	농	권	수	재	손	마	즐	활	스	원	농	렵
독	이	어	수	게	식	사	가	입	술	술	그	낚	투
다	스	깨	춤	킹	포	시	가	락	눈	권	피	술	게
그	활	도	즐	농	그	킹	기	수	시	야	관	구	독
원	춤	즐	다	여	심	스	마	다	귀	림	권	입	공
낚	가	뺌	가	법	야	기	독	재	즐	시	뇌	기	하

머리	어깨
심장	피부
팔꿈치	다리
손가락	이마
무릎	발목
입술	

47 - Restaurante #1

임	그	림	진	가	식	임	여	마	커	매	운	고	심
기	릇	뽐	휴	캠	활	심	농	소	농	피	퍼	기	하
퍼	가	웨	동	기	구	킹	다	스	핑	하	게	재	야
여	수	이	캠	법	활	공	법	예	약	뽐	관	춤	서
투	원	트	공	여	포	식	진	림	즐	예	닭	츠	이
법	게	리	농	즐	시	식	낚	게	킹	재	료	냅	킨
메	뉴	스	술	휴	시	사	활	여	심	재	사	동	구
부	법	휴	캠	심	식	포	공	이	퍼	기	도	재	술
동	엌	법	수	핑	빵	편	디	저	트	렵	츠	게	농
알	편	관	가	권	캠	포	이	게	식	이	핑	권	식
레	칼	식	춤	법	구	수	기	츠	법	퍼	마	투	진
르	관	가	공	킹	렵	캠	낚	독	진	수	퍼	구	스
기	재	하	활	여	포	봉	독	뽐	하	휴	시	그	마
활	임	수	사	식	포	법	렵	즐	관	춤	야	사	임

알레르기	메뉴
커피	소스
고기	매운
부엌	예약
웨이트리스	디저트
냅킨	그릇
재료	

48 - Caminhada

재	봉	츠	기	즐	관	공	림	마	정	위	가	식	서
공	원	공	핑	공	동	캠	원	킹	심	서	이	그	쁨
가	관	렵	사	재	수	서	기	투	원	권	드	활	휴
피	곤	한	시	캠	농	즐	봉	다	물	예	술	휴	퍼
킹	즐	기	봉	독	무	거	운	사	이	춤	구	즐	서
공	수	후	가	날	이	하	진	임	식	춤	휴	야	이
공	킹	권	다	씨	예	기	진	위	부	휴	자	연	물
캠	서	독	동	서	다	기	킹	험	츠	수	봉	준	비
수	하	동	이	술	포	낭	산	림	쁨	사	게	휴	수
물	활	식	물	활	림	떠	가	태	양	식	편	야	시
법	수	권	하	도	술	러	식	원	그	술	돌	생	술
여	스	권	그	동	스	지	즐	도	사	물	임	관	다
공	진	서	권	동	낚	마	츠	츠	공	이	활	수	활
법	원	캠	핑	재	심	지	도	포	술	춤	츠	기	핑

캠핑	공원
동물	낭떠러지
부츠	위험
피곤한	무거운
기후	준비
가이드	야생
지도	태양
자연	날씨
정위	

49 - Água

권	여	도	투	우	기	술	림	춤	츠	렵	다	호	킹
물	게	여	활	다	기	야	이	활	즐	춤	킹	수	야
공	독	관	개	기	가	물	춤	권	이	임	가	술	봉
재	게	법	도	가	원	봉	휴	낚	임	식	물	독	예
비	얼	음	스	즐	뽐	관	봉	재	낚	시	포	구	권
퍼	편	시	캠	동	게	독	츠	시	시	편	렵	게	법
편	운	하	수	그	독	야	샤	농	시	재	수	수	하
기	츠	즐	봉	뽐	진	관	파	워	대	간	기	공	허
스	스	기	독	춤	활	캠	도	진	양	헐	마	구	리
사	수	물	포	심	여	홍	기	여	권	천	투	식	케
증	기	야	도	포	재	수	심	렵	동	캠	그	진	인
발	캠	서	도	즐	진	분	독	포	림	야	서	리	츠
술	하	편	농	농	시	동	킹	렵	동	예	편	뽐	관
강	눈	농	휴	식	구	휴	퍼	동	법	투	킹	렵	술

운하 관개
샤워 호수
증발 우기
허리케인 대양
서리 파도
얼음 수분
간헐천 증기
홍수

50 - Ecologia

자	연	스	러	운	기	동	물	군	법	편	재	캠	임
여	즐	마	캠	기	여	임	서	다	핑	물	투	술	동
림	구	여	독	예	물	임	시	야	캠	춤	게	킹	게
관	캠	진	커	권	봉	진	다	진	서	구	퍼	농	낚
봉	자	농	뮤	퍼	림	동	시	양	마	글	로	벌	식
퍼	연	서	니	핑	서	즐	술	활	성	하	봉	여	야
사	춤	활	티	렵	농	여	가	낚	동	물	스	다	봉
식	권	기	킹	법	킹	활	권	독	서	그	가	품	그
뻠	다	츠	하	게	진	킹	농	물	식	물	식	법	활
생	자	원	봉	림	종	류	서	습	지	속	가	능	한
예	존	그	선	플	로	라	동	가	수	포	휴	원	투
서	초	투	즐	박	휴	가	물	권	즐	술	물	독	권
술	목	게	권	물	공	야	기	그	캠	원	권	스	서
봉	산	게	여	구	임	임	후	독	구	휴	구	그	임

기후	자연
커뮤니티	습지
다양성	식물
동물군	자원
플로라	가뭄
글로벌	생존
서식지	지속 가능한
선박	종류
자연스러운	초목

51 - Família

권	포	휴	그	스	뽐	선	형	뽐	공	포	조	술	낚
휴	핑	뽐	마	이	재	마	조	구	즐	야	카	하	스
임	자	딸	하	할	포	캠	스	공	관	남	편	동	기
그	매	휴	어	머	니	동	사	낚	예	휴	아	이	관
구	투	렵	린	니	기	휴	캠	식	삼	물	내	버	임
게	관	여	시	재	뽐	낚	퍼	활	촌	법	하	투	지
진	봉	활	절	여	조	진	법	게	킹	술	도	예	퍼
식	그	식	구	농	게	카	여	게	도	술	술	구	활
림	포	구	림	관	사	뽐	딸	스	사	식	식	예	투
츠	캠	임	포	물	스	공	손	자	촌	도	즐	즐	원
츠	어	린	이	하	휴	봉	핑	핑	야	투	게	도	여
동	즐	이	서	원	즐	여	포	모	활	부	계	식	퍼
권	캠	낚	원	관	기	이	모	성	재	여	봉	킹	츠
술	캠	킹	술	진	진	식	츠	봉	야	츠	사	동	법

선조	어머니
할머니	손자
아이	아버지
어린이	부계
아내	사촌
어린 시절	조카딸
자매	조카
남편	이모
모성	삼촌

52 - Férias #2

다	관	스	게	권	진	심	동	스	공	항	즐	츠	식
편	활	캠	법	심	술	심	기	수	야	구	게	권	킹
관	독	서	하	산	림	외	시	츠	비	법	구	해	다
핑	다	임	여	물	마	야	국	서	자	뽐	핑	변	구
림	관	관	권	휴	이	여	행	인	법	활	지	예	물
술	원	기	게	퍼	이	권	그	공	퍼	구	구	도	예
캠	물	사	관	구	시	스	다	시	림	야	사	봉	렵
렵	킹	봉	야	렵	마	봉	그	여	서	술	하	식	교
바	다	사	목	적	지	여	게	수	술	텐	호	텔	통
투	낚	진	활	여	수	농	가	법	심	트	관	수	시
식	당	예	하	동	렵	게	사	수	농	원	수	재	림
심	이	마	다	퍼	휴	뽐	사	섬	휴	일	술	뽐	진
술	서	사	렵	동	택	시	편	식	편	법	활	수	독
이	편	심	사	전	세	포	물	하	도	이	시	진	술

공항	여권
목적지	해변
외국인	전세
휴일	식당
사진	택시
호텔	텐트
여가	교통
지도	여행
바다	비자

53 - Edifícios

공	도	퍼	실	포	렵	식	예	야	킹	텐	진	시	캠
임	퍼	포	험	휴	기	예	동	재	활	트	차	고	휴
법	활	핑	실	병	원	그	림	식	서	투	다	핑	그
농	휴	헛	간	예	가	예	관	술	재	이	술	그	춤
전	춤	농	구	동	다	마	봉	야	하	예	관	림	쁨
재	망	봉	게	수	춤	렵	술	예	가	이	구	휴	하
법	서	대	학	사	활	서	공	투	츠	구	공	술	퍼
서	휴	사	여	시	낚	하	봉	심	경	기	장	법	스
킹	그	관	사	물	공	하	권	동	퍼	쁨	다	이	서
영	투	핑	가	하	농	심	원	박	물	관	진	성	재
야	화	학	교	극	시	장	아	파	트	그	술	사	야
사	농	게	가	장	법	게	물	임	시	다	그	술	츠
호	동	스	원	투	퍼	물	슈	퍼	마	켓	동	가	예
텔	즐	탑	활	편	춤	권	동	편	관	츠	포	서	심

아파트   병원
헛간   호텔
영화   실험실
대사관   박물관
학교   전망대
경기장   슈퍼마켓
농장   극장
공장   텐트
차고   대학

54 - Praia

퍼	야	가	예	임	휴	블	킹	진	즐	물	예	도	퍼
바	재	포	권	봉	서	독	루	기	낚	술	그	독	다
야	다	술	킹	수	렵	즐	법	수	건	휴	낚	공	뽐
여	즐	관	편	킹	렵	낚	기	봉	마	뽐	여	배	독
가	임	예	이	진	식	수	캠	렵	식	예	수	공	활
원	수	휴	림	범	선	수	가	뽐	게	여	공	렵	이
수	스	태	물	구	구	가	원	춤	봉	도	임	심	농
다	대	양	포	도	이	독	림	캠	이	킹	도	스	츠
임	낚	낚	봉	이	휴	다	권	이	게	우	산	모	래
편	섬	가	진	편	츠	술	도	다	시	낚	샌	도	관
기	렵	기	림	구	식	그	킹	다	동	서	기	들	동
라	즐	킹	핑	수	법	수	원	물	뽐	해	그	렵	가
군	츠	스	권	권	암	초	킹	예	구	안	휴	마	진
스	법	원	관	다	편	뽐	킹	사	휴	투	사	시	킹

모래
블루
해안
우산
라군
바다

대양
암초
샌들
태양
수건
범선

55 - Ferramentas de Cozinha

여	휴	마	킹	오	브	편	포	수	관	포	독	게	식
스	공	기	캠	술	재	칼	술	하	하	크	봉	가	법
퍼	소	쿠	리	난	로	붙	휴	그	핑	구	강	마	위
림	서	공	츠	원	시	이	심	편	렵	동	판	활	서
숟	가	락	예	하	츠	물	예	여	투	법	활	온	림
그	하	킹	킹	재	권	도	휴	휴	렵	권	스	도	봉
다	핑	야	냉	림	농	원	기	칼	원	휴	술	계	법
낚	법	퍼	장	게	쁨	도	예	관	가	다	낚	츠	그
권	사	물	고	수	진	이	쁨	토	스	터	재	하	여
츠	심	주	임	야	동	뚜	껑	이	심	수	재	쁨	재
춤	하	전	걱	하	야	예	쁨	임	림	렵	봉	봉	게
수	기	자	법	봉	이	쁨	여	투	서	야	핑	재	봉
사	게	도	도	예	퍼	관	게	식	봉	춤	낚	물	가
기	편	임	농	쁨	핑	시	야	하	가	여	예	퍼	킹

주전자   냉장고
소쿠리   강판
숟가락   칼 붙이
주걱   뚜껑
난로   온도계
오븐   가위
포크   토스터

56 - Xadrez

관	물	림	킹	게	서	츠	게	재	구	기	핑	가	이
가	휴	심	핑	야	킹	렵	수	챔	관	공	뿜	하	렵
물	여	물	구	토	츠	관	이	서	피	임	그	얀	마
권	킹	독	포	너	렵	활	츠	즐	진	언	재	뿜	수
권	킹	도	전	먼	휴	킹	플	레	이	어	야	뿜	캠
도	편	뿜	락	트	포	이	심	휴	야	동	원	식	식
핑	농	임	물	식	시	물	활	수	마	물	핑	림	봉
공	마	규	진	공	캠	사	도	시	여	핑	이	여	사
여	진	칙	공	포	물	봉	동	왕	진	사	독	츠	다
상	대	회	공	수	동	태	희	물	기	서	림	다	진
이	시	각	가	원	원	퀸	생	이	구	게	관	퍼	야
여	춤	춤	선	킹	식	투	편	게	퍼	다	원	법	게
서	재	서	블	랙	공	구	게	권	물	여	구	도	독
낚	농	게	수	스	권	임	물	임	렵	독	권	그	서

하얀	상대
챔피언	수동태
대회	블랙
도전	규칙
대각선	희생
전략	시각
플레이어	토너먼트
게임	

57 - Aventura

목	활	동	재	게	렵	농	춤	도	가	킹	뺌	기	농
츠	적	야	림	동	춤	게	재	아	포	츠	수	수	시
하	림	지	여	항	물	원	용	름	특	이	한	투	권
다	원	스	열	낚	해	활	감	다	사	재	구	도	도
퍼	사	다	광	독	친	구	법	움	편	여	림	안	전
위	험	한	휴	가	캠	활	활	독	임	그	여	동	도
렵	퍼	뺌	원	수	독	기	퍼	캠	서	림	술	관	킹
독	낚	물	렵	술	뺌	스	예	야	즐	놀	휴	구	농
다	그	진	기	그	심	독	그	사	활	라	낚	뺌	활
어	려	움	구	휴	편	포	시	새	로	운	츠	퍼	즐
기	회	킹	법	재	시	포	관	원	원	식	권	가	사
식	뺌	자	연	준	일	뺌	공	물	도	활	임	퍼	식
이	낚	하	독	비	정	진	휴	소	풍	도	퍼	캠	마
츠	원	임	즐	활	봉	물	즐	동	물	이	뺌	핑	즐

기쁨	소풍
친구	특이한
활동	일정
아름다움	자연
용감	항해
기회	새로운
도전	위험한
목적지	준비
어려움	안전
열광	놀라운

58 - Floresta Tropical

기	마	도	법	뺨	포	시	재	법	렵	렵	도	예	마
서	킹	여	가	포	원	예	예	구	핑	다	보	수	기
진	스	농	동	수	유	조	동	퍼	투	생	존	중	야
밀	림	여	야	양	서	류	이	피	난	기	휴	복	퍼
재	투	수	핑	휴	진	공	끼	물	원	후	퍼	구	재
마	법	다	관	사	독	편	예	시	활	하	렵	포	가
동	킹	사	춤	다	귀	중	한	술	하	사	독	봉	물
공	재	스	수	심	양	게	낚	수	춤	공	법	재	동
이	그	시	동	재	그	성	뺨	법	기	여	진	서	이
독	킹	기	사	자	관	재	서	그	임	기	츠	예	서
다	포	농	게	연	독	권	임	하	공	커	술	편	임
기	식	춤	낚	구	곤	충	마	킹	원	뮤	술	예	가
츠	즐	물	구	름	휴	종	식	휴	핑	니	가	캠	농
킹	구	핑	그	봉	술	사	식	기	가	티	활	진	독

양서류	구름
식물	조류
기후	보존
커뮤니티	피난
다양성	존중
곤충	복구
포유류	밀림
이끼	생존
자연	귀중한

59 - Cidade

도	춤	심	야	극	사	포	다	은	약	이	서	이	구
가	농	경	기	장	공	시	장	행	국	공	가	슈	재
관	진	휴	재	수	게	항	관	봉	림	포	공	퍼	독
렵	도	영	화	갤	러	리	식	뼘	그	예	가	마	킹
심	대	즐	림	플	봉	농	물	휴	공	술	여	켓	시
임	학	교	동	로	빵	집	동	물	원	박	물	관	서
핑	재	포	동	리	다	도	서	관	츠	재	림	킹	림
독	하	농	기	스	법	원	농	봉	뼘	낚	심	퍼	활
권	포	츠	여	트	임	게	예	뼘	야	즐	술	동	다
재	법	예	술	법	봉	호	심	활	도	뼘	법	예	술
렵	법	관	진	포	수	텔	심	식	구	서	낚	공	사
그	관	시	구	스	살	진	킹	진	그	물	점	사	즐
캠	뼘	림	하	활	포	롱	게	렵	렵	기	포	림	이
킹	포	이	기	게	야	관	투	식	당	게	다	물	게

공항	동물원
은행	서점
도서관	시장
영화	박물관
학교	빵집
경기장	식당
약국	살롱
플로리스트	슈퍼마켓
갤러리	극장
호텔	대학

60 - Matemática

재	봉	야	대	몍	하	포	법	정	구	휴	여	술	캠
반	지	름	칭	그	지	핑	기	사	술	사	캠	둘	농
심	서	렵	농	관	법	수	삼	각	형	포	원	레	그
관	쁨	야	포	물	원	야	서	형	가	스	식	렵	쁨
서	다	하	시	봉	독	관	스	심	법	림	원	마	기
분	각	도	수	직	산	수	평	행	예	퍼	포	물	관
수	형	사	진	투	그	예	행	진	휴	술	킹	시	구
예	진	이	진	숫	휴	다	사	핑	휴	림	봉	가	편
낚	포	도	쁨	수	자	스	변	춤	임	지	츠	캠	물
렵	휴	퍼	시	낚	진	캠	형	예	핑	쁨	름	여	사
기	하	학	다	권	농	츠	공	진	예	야	림	농	낚
방	봉	즐	활	십	진	수	음	권	사	식	낚	권	동
정	직	사	각	형	핑	공	량	권	스	핑	재	구	춤
식	마	독	사	재	즐	물	예	즐	심	권	활	기	식

산수	평행
각도	평행사변형
둘레	수직
십진수	다각형
지름	정사각형
방정식	반지름
몍지수	직사각형
분수	대칭
기하학	삼각형
숫자	음량

61 - Natureza

렵	심	재	활	다	야	수	사	하	츠	가	독	사	투
원	공	진	활	킹	관	독	북	극	동	농	진	이	사
뻠	심	봉	사	고	요	한	다	농	관	식	독	핑	킹
하	수	관	렵	림	퍼	예	재	여	시	도	편	림	진
낚	성	임	동	사	수	여	게	서	림	임	농	부	식
술	역	츠	야	그	수	기	열	원	안	시	봉	킹	퍼
권	동	춤	렵	봉	꿀	재	대	봉	개	게	그	투	원
봉	봉	독	렵	관	벌	심	진	예	법	잎	휴	공	사
평	화	로	운	투	봉	게	사	임	공	그	포	임	휴
이	마	하	다	하	투	퍼	막	숲	구	사	농	관	즐
아	름	다	움	투	렵	캠	핑	포	름	빙	다	하	츠
진	독	식	동	물	구	봉	술	시	그	진	하	림	즐
뻠	독	서	마	적	야	생	법	킹	물	강	렵	예	사
농	즐	술	심	편	물	술	휴	춤	심	산	공	이	다

꿀벌
동물
북극
아름다움
사막
동적
부식
빙하

안개
구름
평화로운
성역
야생
고요한
열대

62 - Preencher

마	법	심	활	사	즐	서	포	공	캠	휴	분	그	바
하	진	임	구	봉	야	가	임	그	킹	임	야	지	구
물	츠	츠	법	마	구	여	게	기	서	구	독	활	니
핑	법	독	즐	봉	포	권	다	기	예	구	사	예	츠
핑	기	물	뽐	뽐	켓	시	이	가	림	그	스	게	수
임	진	그	농	그	즐	마	구	휴	관	재	법	휴	항
통	관	원	하	수	권	물	사	뽐	스	스	휴	투	아
핑	독	편	마	가	다	츠	가	여	독	사	봉	투	리
핑	시	렵	독	진	투	수	병	하	퍼	예	야	스	캠
임	원	진	관	재	퍼	상	심	식	여	행	가	방	봉
권	여	투	도	버	킷	자	패	심	하	관	방	구	캠
하	뽐	포	시	공	술	휴	봉	킷	즐	마	그	도	포
튜	쟁	시	야	심	이	원	사	마	즐	봉	폴	더	꽃
브	킹	반	서	랍	기	하	원	츠	휴	마	림	핑	병

분지
버킷
쟁반
포켓
상자
바구니
봉투
서랍

항아리
여행 가방
패킷
폴더
가방
튜브
꽃병

63 - Animais de Estimação

하	사	야	활	권	물	편	임	포	하	그	예	재	재
예	권	퍼	여	재	편	고	양	이	수	재	그	렵	관
햄	스	터	기	봉	다	수	기	낚	수	거	북	이	춤
봉	게	술	퍼	물	게	물	퍼	수	야	구	마	스	권
발	도	마	뱀	춤	즐	여	토	끼	킹	낚	가	춤	원
톱	림	림	독	캠	마	심	춤	물	구	즐	권	앵	심
이	소	림	낚	편	가	여	동	공	도	물	츠	무	동
마	편	여	예	법	염	강	활	다	포	다	림	새	기
캠	권	심	독	핑	소	마	아	야	투	임	림	물	뱀
진	법	동	봉	독	물	동	춤	지	공	즐	퍼	그	쥐
핑	구	동	구	야	즐	예	심	서	농	공	가	예	휴
투	술	게	여	뽐	여	핑	재	야	꼬	진	마	시	하
심	투	편	마	렵	이	칼	라	스	리	수	의	사	기
개	춤	가	다	핑	법	여	캠	농	뽐	심	그	독	권

염소	햄스터
강아지	도마뱀
꼬리	앵무새
토끼	물고기
칼라	거북이
발톱	수의사
고양이	

64 - Escalada

포	기	그	기	그	스	이	임	기	쁨	독	림	동	그
부	츠	기	핑	시	수	마	림	진	퍼	핑	관	굴	농
츠	농	하	헬	멧	퍼	분	편	가	스	게	원	심	물
투	츠	이	공	핑	하	위	쁨	춤	그	다	그	물	게
가	구	킹	독	여	캠	기	기	심	게	편	재	하	술
식	술	춤	츠	서	봉	물	여	시	도	쁨	게	핑	원
임	구	편	예	핑	호	봉	여	지	형	퍼	물	식	독
동	식	림	포	좁	낚	기	고	도	활	장	시	술	법
킹	쁨	마	이	은	스	낚	심	도	전	갑	다	활	심
원	마	사	봉	심	가	재	수	독	물	문	춤	도	춤
심	춤	독	동	츠	술	활	핑	여	술	법	가	이	드
농	진	심	춤	이	야	서	여	쁨	캠	마	게	기	투
시	관	심	즐	가	춤	심	임	가	공	공	공	춤	게
심	안	정	성	힘	활	킹	재	구	츠	츠	봉	도	기

고도	전문가
분위기	안정성
부츠	좁은
하이킹	가이드
헬멧	장갑
동굴	지도
호기심	지형
도전	

65 - Aviões

도 수 킹 관 림 키 승 동 모 수 소 뽐 고 기
심 하 츠 게 서 공 무 심 험 뽐 낚 진 도 야
구 승 편 낚 도 이 원 공 도 츠 야 다 킹 동
이 객 원 식 게 수 시 다 하 투 서 가 캠 다
진 킹 즐 편 캠 원 휴 그 야 강 렵 야 춤 농
원 활 임 가 낚 휴 뽐 풍 핑 임 림 하 권 투
구 핑 분 물 낚 기 춤 선 사 심 낚 늘 가 다
물 뽐 스 위 공 뽐 임 휴 공 연 료 조 권 관
술 이 핑 착 기 엔 진 시 휴 가 림 종 휴 심
구 건 관 서 룩 휴 여 공 휴 이 역 사 심 하
시 설 여 식 휴 식 동 재 시 수 도 편 킹 예
기 진 렵 기 탐 방 향 난 기 류 다 하 편 공
진 퍼 다 하 색 공 원 독 시 독 여 농 관 츠
휴 야 포 법 킹 춤 권 뽐 원 뽐 권 진 원 도

고도	방향
공기	수소
착륙	역사
분위기	엔진
모험	탐색
풍선	승객
하늘	조종사
연료	승무원
건설	난기류
하강	

66 - Tipos de Cabelo

캠	부	편	물	얇	은	사	이	금	퍼	서	즐	법	여
수	드	곱	서	핑	퍼	즐	농	진	발	동	퍼	다	봉
재	러	즐	슬	투	림	독	즐	포	임	기	다	여	야
대	운	게	렵	시	예	림	여	야	수	휴	농	법	심
머	술	마	른	긴	수	법	여	도	도	꼰	하	얀	가
리	원	구	서	빛	나	는	하	서	가	스	진	다	츠
건	강	한	여	야	여	포	포	포	수	마	봉	활	림
재	뻠	캠	포	춤	진	회	갈	권	관	춤	관	춤	그
마	임	다	여	핑	물	기	색	휴	야	구	여	하	캠
핑	법	휴	가	게	투	하	도	농	여	원	즐	편	진
야	야	게	스	가	수	렵	투	기	츠	두	꺼	운	심
원	핑	낚	하	퍼	야	짧	은	시	식	봉	도	블	캠
머	리	띠	시	야	권	사	츠	물	림	식	서	랙	재
뻠	츠	휴	포	즐	핑	투	권	즐	도	야	야	도	권

하얀
빛나는
대머리
회색
짧은
곱슬
얇은
두꺼운

금발
갈색
블랙
건강한
마른
부드러운
머리띠

67 - Formas

활	이	권	모	퍼	심	춤	렵	독	뿜	원	재	원	다
피	츠	재	서	임	그	사	낚	서	핑	즐	야	관	춤
츠	라	수	리	핑	렵	하	진	사	다	심	정	타	캠
임	휴	미	물	시	춤	하	물	렵	원	다	사	원	뿔
봉	휴	술	드	예	독	원	권	마	직	사	각	형	독
이	스	공	공	구	재	봉	핑	도	삼	각	형	형	다
물	핑	구	스	봉	진	봉	그	가	도	쌍	게	동	물
입	방	체	술	수	기	림	사	원	게	곡	선	렵	실
예	호	수	핑	독	즐	림	구	도	스	선	퍼	심	린
도	시	여	구	시	프	리	즘	투	권	동	이	낚	더
타	식	포	킹	즐	스	게	재	마	렵	심	그	포	서
원	츠	예	다	측	공	예	활	구	여	뿜	편	봉	권
하	춤	편	물	진	면	여	임	구	시	렵	여	식	활
츠	렵	공	진	여	이	스	임	물	진	재	시	포	스

모서리
실린더
원뿔
입방체
곡선
타원
구체
쌍곡선

측면
타원형
피라미드
다각형
프리즘
정사각형
직사각형
삼각형

68 - Dias e Meses

스	서	즐	시	독	심	십	주	기	칠	츠	마	퍼	여
독	편	법	수	포	활	월	수	진	기	월	진	시	공
하	년	포	활	권	도	그	투	림	퍼	야	관	금	하
구	낚	투	목	가	예	권	낚	진	활	야	토	요	일
식	즐	화	요	일	그	관	진	기	동	하	춤	일	핑
수	요	일	일	기	진	사	수	즐	편	법	수	그	도
봉	봉	구	월	핑	원	사	즐	캠	포	가	즐	사	술
예	심	도	수	십	사	서	권	수	법	심	휴	월	킹
뻠	킹	휴	기	봉	일	즐	사	스	동	구	핑	권	술
이	권	야	림	시	재	월	여	뻠	활	가	팔	동	원
렵	동	봉	관	게	림	편	캠	식	달	력	월	술	월
예	권	편	캠	봉	일	요	일	하	림	진	게	킹	요
공	서	예	식	캠	행	식	렵	술	이	퍼	기	봉	일
서	관	물	뻠	진	진	여	스	수	뻠	구	포	즐	스

팔월	수요일
달력	목요일
일요일	토요일
칠월	월요일
행진	구월
십일월	금요일
십월	화요일

69 - Geografia

물	자	오	선	위	강	대	양	포	이	핑	투	핑	도
술	섬	다	물	도	영	토	하	기	공	동	대	고	구
임	남	도	그	원	다	즐	가	구	츠	세	륙	도	시
북	쪽	사	수	포	활	도	춤	이	츠	계	캠	지	역
림	쪽	술	편	사	식	하	진	야	츠	재	핑	활	도
다	뽐	가	야	활	재	림	도	예	봉	권	농	사	퍼
뽐	바	게	핑	마	스	춤	심	진	그	편	가	봉	수
이	뽐	다	도	스	독	포	츠	편	퍼	렵	예	도	관
독	식	농	휴	퍼	가	활	예	기	심	봉	렵	권	농
술	사	도	핑	사	시	물	이	물	동	다	원	도	그
임	투	츠	투	사	여	편	술	뽐	아	재	휴	다	봉
임	뽐	하	하	여	휴	구	하	활	틀	서	진	하	즐
구	산	구	편	수	야	국	가	식	라	쪽	반	편	사
물	츠	퍼	마	포	농	가	가	다	스	휴	구	이	킹

고도	세계
아틀라스	북쪽
도시	대양
대륙	서쪽
반구	국가
위도	지역
지도	남쪽
바다	영토
자오선	

70 - Antártica

보	존	기	관	활	게	사	스	포	캠	투	춤	뻠	진
즐	그	여	농	핑	진	원	만	사	게	츠	휴	원	심
불	펭	권	동	캠	반	도	이	시	낚	임	휴	관	킹
안	법	킹	즐	그	게	하	휴	주	편	임	권	동	편
정	지	핑	수	재	심	물	빙	하	사	봉	게	원	뻠
한	형	야	동	휴	술	식	봉	관	식	퍼	야	휴	정
심	하	이	낚	원	식	지	리	학	환	경	심	츠	수
마	투	투	구	서	스	수	과	학	적	독	하	대	재
후	미	휴	편	그	섬	독	편	가	그	도	재	륙	심
야	탄	투	식	렵	게	기	춤	식	낚	법	기	동	농
츠	산	춤	구	핑	포	츠	농	가	퍼	가	츠	공	킹
포	수	그	포	퍼	독	즐	진	여	편	법	게	술	독
예	퍼	그	법	휴	얼	음	낚	서	가	퍼	온	림	법
사	즐	연	구	원	게	포	구	임	여	야	임	도	야

환경
과학적
보존
대륙
후미
원정
빙하
얼음
지리학

연구원
이주
탄산수
반도
펭권
불안정한
온도
지형

71 - Flores

농	가	야	마	권	도	수	플	식	하	법	이	임	라
쁨	농	춤	공	심	퍼	스	동	루	재	예	수	권	벤
투	관	렵	여	마	해	바	라	기	메	이	임	림	더
렵	포	물	수	림	투	히	활	권	즐	리	물	법	여
백	합	림	쁨	사	그	사	비	사	휴	동	아	농	즐
서	봉	낚	권	그	림	서	포	스	하	다	이	라	독
클	로	버	야	봉	데	여	봉	그	커	편	퍼	일	야
렵	수	림	츠	관	이	킹	권	난	치	스	봉	락	민
캠	도	법	게	쁨	지	쁨	장	초	자	금	송	화	들
공	기	낚	기	사	편	게	스	미	낚	그	낚	츠	레
양	귀	비	식	술	핑	꽃	잎	술	츠	튤	립	수	관
캠	렵	심	임	킹	진	다	원	술	구	재	시	물	핑
핑	원	즐	스	기	농	발	목	련	활	임	퍼	모	마
낚	동	즐	마	법	렵	서	재	스	민	물	게	란	게

꽃다발	목련
금송화	데이지
민들레	난초
치자	양귀비
해바라기	모란
히비스커스	꽃잎
재스민	플루메리아
라벤더	장미
라일락	클로버
백합	튤립

72 - Fazenda #1

농	농	다	가	농	렵	마	여	무	핑	캠	식	술	구
캠	수	뿜	관	춤	술	울	타	리	원	식	재	캠	활
스	포	관	캠	게	기	고	양	이	벌	야	쌀	렵	농
물	마	스	임	수	편	뿜	서	공	투	구	춤	캠	심
활	킹	마	투	물	하	기	임	춤	츠	다	퍼	핑	투
여	원	편	낚	편	즐	여	법	마	편	캠	서	권	마
기	봉	춤	포	재	염	물	관	휴	독	퍼	물	농	업
닭	송	비	료	물	소	도	이	임	관	권	임	퍼	렵
즐	아	하	건	츠	그	휴	말	독	관	농	가	재	도
돼	지	구	초	서	킹	공	진	수	서	공	츠	당	기
술	꿀	서	그	식	독	렵	심	임	춤	그	시	나	심
관	하	임	휴	하	들	까	마	귀	심	춤	사	귀	마
츠	권	기	휴	서	식	낚	기	캠	임	도	재	서	도
그	수	식	캠	관	개	다	즐	렵	임	야	법	렵	캠

농업	건초
송아지	비료
당나귀	고양이
염소	돼지
울타리	무리
까마귀	

73 - Livros

포	법	츠	츠	원	이	물	휴	권	구	림	기	여	물
퍼	공	예	술	임	가	다	내	독	하	야	관	련	그
시	츠	기	진	춤	여	법	레	이	편	원	포	캠	야
가	진	렵	렵	뽐	농	이	이	중	성	서	물	도	휴
시	리	즈	임	서	수	집	터	사	농	낚	면	도	동
재	법	소	역	사	적	인	공	하	투	킹	캠	모	사
봉	미	낚	설	시	봉	물	동	렵	캠	게	스	험	핑
임	공	있	뽐	페	이	지	비	참	한	공	뽐	발	핑
수	문	학	는	술	야	예	예	공	사	시	게	명	이
물	맥	원	야	예	기	림	핑	림	물	낚	법	시	스
여	원	예	캠	그	심	수	독	캠	물	야	야	핑	농
관	게	권	이	사	투	진	춤	진	도	춤	도	원	다
퍼	즐	여	술	물	임	포	렵	다	캠	진	동	포	마
원	다	관	리	더	활	동	뽐	독	관	저	자	가	야

저자
모험
수집
문맥
이중성
서면
서사시
이야기
역사적인
재미있는

발명
리더
문학
내레이터
페이지
관련
소설
시리즈
비참한

74 - Chocolate

이	쁨	맛	사	임	진	림	항	기	렵	투	구	다	구
즐	임	있	설	가	공	식	춤	산	마	스	달	진	투
공	즐	는	탕	물	루	법	야	예	화	투	콤	활	원
하	휴	렵	가	좋	아	하	는	림	캠	제	한	예	편
즐	렵	사	퍼	봉	야	낚	포	마	임	여	핑	임	임
캠	캠	캠	장	낚	투	권	칼	즐	독	물	퍼	수	독
기	임	림	시	인	퍼	핑	로	퍼	독	봉	가	낚	킹
킹	재	이	즐	관	야	가	리	권	동	캠	즐	품	이
물	심	도	춤	휴	다	야	휴	수	예	원	농	질	레
이	수	림	심	사	마	사	땅	성	림	츠	휴	코	시
포	낚	퍼	활	캐	수	림	콩	분	낚	심	즐	코	피
진	그	하	휴	러	하	투	마	쓴	투	스	술	넛	편
이	국	적	인	멜	투	게	그	카	카	오	렵	심	캠
수	도	법	마	기	공	편	즐	법	농	여	서	쁨	킹

설탕	맛있는
땅콩	달콤한
항산화제	이국적인
장인	좋아하는
카카오	성분
칼로리	가루
캐러멜	품질
코코넛	레시피

75 - Profissões #2

즐	식	시	낚	원	외	다	발	여	렵	츠	야	진	수
동	물	학	자	야	과	캠	활	명	게	하	화	휴	이
핑	수	심	재	수	의	여	즐	기	자	즐	가	가	야
술	우	하	임	법	사	게	치	사	진	작	가	킹	렵
도	주	림	생	엔	투	핑	과	권	진	일	수	활	도
낚	비	츠	물	투	지	임	의	공	핑	러	낚	가	핑
도	행	킹	학	투	포	니	사	독	그	스	이	다	물
연	사	원	자	술	관	봉	어	퍼	정	트	휴	뽐	공
구	즐	식	게	예	서	캠	재	임	원	레	킹	스	서
원	농	부	원	식	그	도	서	언	사	이	여	예	다
심	임	츠	선	조	사	재	철	어	서	터	투	공	핑
심	서	관	생	종	시	임	진	학	활	관	사	하	권
관	원	시	님	사	술	사	독	자	자	림	서	즐	독
의	사	법	기	렵	림	휴	하	야	스	렵	편	춤	진

농부	발명자
우주 비행사	연구원
사서	정원사
생물학자	기자
외과 의사	언어학자
치과 의사	의사
엔지니어	조종사
철학자	화가
사진 작가	선생님
일러스트레이터	동물학자

76 - Fazenda #2

마 양 마 목 야 재 과 다 림 킹 재 원 식 림
활 렵 투 초 공 캠 일 구 트 림 술 벌 동 구
뿜 이 임 지 낚 편 동 임 편 랙 관 개 집 헛
권 시 캠 하 독 구 물 관 술 기 터 라 마 간
야 게 옥 농 킹 심 낚 심 휴 법 예 편 핑 물
익 은 과 수 원 식 림 목 자 도 츠 하 포 임
뿜 술 림 렵 수 야 스 캠 독 킹 이 물 술 법
보 리 사 활 양 고 기 관 즐 서 마 밀 여 구
가 뿜 킹 재 관 가 사 가 낚 스 기 마 심 다
이 뿜 진 편 그 예 퍼 농 물 임 퍼 스 법 동
식 게 사 춤 식 심 킹 부 춤 권 원 그 법 수
뿜 임 공 여 봉 도 춤 편 서 독 도 킹 투 렵
원 캠 편 기 권 스 오 여 뿜 우 유 야 하 식
퍼 츠 공 핑 포 렵 리 심 동 야 게 채 여 편

농부	라마
동물	익은
헛간	옥수수
보리	목자
벌집	오리
양고기	과수원
과일	목초지
관개	트랙터
우유	야채

77 - Jardim

식	예	현	관	독	시	야	독	토	구	농	봉	해	먹
기	그	여	공	도	진	동	캠	양	킹	사	물	낚	활
게	원	편	차	핑	뽐	낚	춤	물	식	구	기	하	농
마	독	활	고	활	시	활	농	임	츠	나	무	여	마
킹	스	여	야	여	연	기	식	그	임	트	램	폴	린
식	구	여	식	스	못	캠	잡	서	재	관	츠	뽐	스
잔	포	낚	도	수	캠	이	임	초	물	원	재	렵	재
구	디	삽	휴	봉	벤	치	독	원	다	공	춤	핑	캠
낚	술	원	원	시	공	하	춤	츠	다	스	즐	물	퍼
관	림	사	렵	그	예	다	투	림	즐	포	과	핑	원
동	법	관	서	가	휴	봉	활	가	핑	봉	수	도	도
테	낚	예	농	렵	권	임	킹	춤	수	즐	원	꽃	갈
라	울	타	리	림	정	호	스	재	진	권	캠	시	퀴
스	부	시	동	림	심	원	공	야	원	술	가	하	수

갈퀴   연못
부시   해먹
나무   호스
벤치   과수원
울타리   토양
잡초   테라스
차고   트램폴린
잔디   현관
정원

78 - Oceano

스	해	공	퍼	진	암	진	하	예	퍼	게	마	킹	술
림	파	하	농	하	초	핑	원	캠	봉	마	쁨	퍼	퍼
림	리	농	원	시	식	원	활	재	렵	스	렵	배	사
렵	임	수	편	휴	폭	풍	동	진	관	활	시	림	게
독	스	낚	그	킹	농	봉	야	낚	여	다	활	퍼	동
구	야	투	마	법	하	서	농	마	구	스	구	기	핑
조	류	스	편	지	가	캠	킹	퍼	심	물	새	장	어
관	법	관	진	즐	즐	포	그	권	거	고	우	굴	낚
상	어	권	렵	임	쁨	사	스	공	북	기	래	기	츠
여	구	스	돌	고	래	재	킹	원	이	독	사	킹	문
서	심	예	낚	수	기	킹	가	그	이	하	봉	퍼	어
서	식	휴	그	림	술	원	임	참	원	관	편	편	시
여	법	휴	조	수	산	호	소	치	캠	렵	투	이	그
봉	림	핑	재	동	진	렵	구	금	하	포	관	캠	재

조류
참치
고래
새우
산호
장어
스펀지
돌고래
조수

해파리
물고기
문어
암초
소금
거북이
폭풍
상어

79 - Profissões #1

스	심	천	편	킹	수	뺨	시	지	뺨	공	은	진	기
퍼	선	문	공	가	의	가	뺨	도	재	춤	행	술	물
동	원	학	그	심	사	다	게	제	사	그	가	캠	예
편	집	자	스	춤	도	뺨	도	작	투	재	수	여	뺨
음	변	구	간	물	심	춤	츠	자	마	농	도	여	관
사	악	호	호	야	리	수	투	수	농	권	식	물	심
예	술	가	사	임	학	야	도	춤	그	이	물	그	활
동	마	지	질	학	자	즐	수	수	가	독	다	야	퍼
야	핑	예	농	시	대	기	임	마	시	휴	서	공	시
피	아	니	스	트	사	렵	농	임	휴	봉	킹	술	소
림	핑	관	핑	편	냥	포	보	서	림	활	가	기	방
농	과	학	자	핑	꾼	예	그	석	킹	예	투	배	관
댄	서	구	마	수	재	하	봉	이	상	야	킹	관	수
심	도	서	야	퍼	이	예	스	독	동	마	수	공	구

변호사	대사
예술가	배관공
천문학자	간호사
은행가	지질학자
소방관	보석상
사냥꾼	선원
지도 제작자	음악가
과학자	피아니스트
댄서	심리학자
편집자	수의사

80 - Campeonato

전	략	동	휴	동	렵	물	임	공	시	뽐	농	여	야
지	구	력	기	마	원	법	동	임	그	토	너	먼	트
메	투	독	농	부	권	구	캠	기	서	코	치	스	봉
달	사	활	재	권	여	가	술	법	진	즐	진	마	식
동	봉	예	심	팀	포	서	뽐	챔	피	언	진	법	즐
킹	여	포	야	츠	원	포	투	피	독	독	심	수	재
기	공	마	사	야	서	권	렵	언	뽐	동	시	퍼	예
스	마	게	야	도	스	포	츠	십	원	판	하	서	독
킹	예	진	서	하	서	독	츠	봉	관	독	사	동	여
원	수	수	휴	포	진	수	뽐	편	뽐	임	식	사	렵
휴	봉	술	춤	캠	핑	농	스	심	봉	낚	여	게	뽐
성	능	재	임	승	스	권	핑	관	원	츠	림	수	심
즐	심	캠	야	리	여	관	투	츠	심	게	권	캠	시
임	퍼	투	법	그	편	농	마	진	심	관	임	즐	츠

챔피언	리그
챔피언십	메달
성능	동기 부여
스포츠	지구력
전략	토너먼트
게임	코치
판사	승리

81 - Castelos

킹	즐	가	진	술	이	제	다	궁	봉	원	방	재	야
포	독	수	하	수	농	국	관	전	춤	기	패	기	사
게	즐	동	기	츠	물	술	검	투	그	림	마	가	공
핑	공	그	림	도	츠	킹	다	왕	국	고	렵	법	예
츠	권	렵	구	수	서	원	즐	자	즐	활	귀	봉	술
퍼	츠	왕	조	서	낚	즐	활	원	퍼	이	사	한	독
쁨	시	관	서	휴	스	마	스	기	츠	낚	구	식	구
예	갑	옷	즐	기	봉	수	봉	봉	공	원	법	츠	독
관	독	기	일	투	도	포	봉	여	원	즐	서	술	다
투	석	기	각	사	시	포	관	농	물	휴	도	봉	캠
활	심	편	수	렵	여	술	진	탑	말	심	용	요	새
퍼	포	캠	여	재	게	퍼	재	킹	도	공	킹	퍼	사
권	활	봉	스	농	기	권	휴	벽	수	주	도	공	술
그	쁨	기	건	진	쁨	마	렵	포	쁨	킹	핑	식	권

갑옷	제국
투석기	고귀한
기사	궁전
왕관	공주
왕조	왕자
방패	왕국
봉건	일각수
요새	

82 - Escola # 2

농	서	진	기	재	그	문	임	사	관	핑	하	하	휴
구	게	식	츠	심	뻠	법	시	투	구	예	과	봉	법
서	이	독	게	퍼	법	림	권	도	핑	뻠	학	습	츠
사	전	서	킹	임	관	야	식	활	식	게	시	관	하
뻠	캠	스	진	퍼	포	구	포	연	가	물	친	동	문
기	재	도	핑	원	그	야	재	공	필	낚	게	구	학
예	컴	퓨	터	동	야	달	사	도	서	관	다	기	뻠
사	휴	서	서	그	야	력	교	즐	여	핑	포	독	펜
수	학	동	원	림	시	포	육	즐	림	재	독	배	낭
휴	임	수	심	원	도	물	가	위	농	재	활	독	원
츠	이	시	도	즐	킹	구	임	게	심	식	동	여	캠
핑	도	농	기	농	시	게	포	시	농	구	낚	편	수
가	물	편	휴	퍼	관	진	포	종	휴	캠	여	가	법
식	수	진	킹	투	책	휴	이	이	킹	낚	낚	봉	활

친구	문법
학습	게임
활동	연필
도서관	독서
달력	문학
과학	수학
컴퓨터	배낭
사전	종이
교육	가위

83 - Abelhas

정	공	봉	독	공	야	진	야	춤	재	야	식	편	캠
원	심	예	재	서	농	서	다	수	퀸	게	도	독	관
포	꽃	킹	권	춤	다	동	하	권	스	캠	재	물	야
활	물	편	재	그	이	재	이	킹	봉	농	예	여	관
독	연	퍼	독	야	기	농	브	서	다	식	캠	이	농
활	기	재	밀	날	개	포	봉	술	활	진	퍼	구	서
가	킹	시	랍	재	곤	충	과	일	구	킹	사	림	구
시	여	화	재	이	관	원	떼	권	편	포	서	야	식
임	심	분	춤	포	법	생	태	계	마	농	가	게	물
농	마	봉	춤	투	낚	사	양	즐	스	동	사	림	시
공	도	여	꿀	유	임	마	여	림	쁨	림	휴	권	활
가	도	낚	렵	원	익	심	관	농	관	다	서	식	지
퍼	퍼	수	킹	시	스	한	원	진	스	킹	수	캠	하
캠	심	킹	다	양	성	다	물	구	그	렵	식	츠	편

날개	연기
유익한	서식지
밀랍	곤충
하이브	정원
다양성	식물
생태계	화분
과일	태양

84 - Banheiro

다	하	츠	향	목	욕	춤	스	낚	게	스	포	캠	화
권	원	활	기	수	건	식	시	임	츠	재	야	로	장
킹	야	렵	봉	도	구	원	다	렵	비	술	시	션	실
임	이	도	공	꼭	춤	식	뽐	법	사	누	이	임	포
다	원	식	수	지	투	춤	독	공	퍼	그	휴	증	서
가	위	서	예	구	캠	스	원	진	낚	포	게	기	뽐
봉	퍼	춤	깔	개	야	여	펀	다	그	독	여	마	퍼
여	야	예	캠	림	하	포	물	지	뽐	여	법	퍼	법
관	사	캠	포	진	하	스	샴	예	관	기	수	편	도
낚	도	퍼	서	진	권	도	푸	원	캠	원	게	봉	활
샤	워	퍼	킹	수	게	서	공	공	춤	재	여	편	춤
거	울	투	편	뽐	사	이	스	그	퍼	권	심	시	낚
품	농	야	림	진	이	킹	춤	스	동	림	술	마	식
춤	야	게	이	권	심	술	원	진	기	법	편	스	식

화장실   비누
목욕   깔개
거품   가위
샤워   수건
거울   수도꼭지
스펀지   증기
로션   샴푸
향수

85 - Ciência

활	농	농	방	시	여	포	데	이	터	식	화	술	동
즐	즐	게	법	가	그	관	찰	기	진	물	공	석	구
투	시	낚	관	활	임	술	재	원	권	그	관	림	즐
식	식	퍼	스	심	임	마	식	낚	림	핑	하	츠	야
뽐	사	물	탄	산	수	진	화	투	츠	권	분	마	활
가	관	독	리	다	과	즐	수	심	임	원	자	구	캠
사	뽐	예	활	학	학	편	서	야	유	봉	게	야	심
실	험	실	시	입	자	활	술	킹	기	화	휴	가	설
기	관	서	춤	스	연	투	퍼	편	체	학	핑	즐	이
사	후	권	포	즐	구	공	그	하	마	편	낚	포	물
농	법	낚	퍼	핑	예	봉	여	휴	사	원	킹	진	원
심	권	심	임	동	킹	춤	수	권	중	권	법	투	하
뽐	휴	예	야	진	마	하	게	킹	력	재	활	렵	투
츠	봉	뽐	법	진	관	수	츠	낚	킹	예	시	공	법

원자	실험실
과학자	방법
기후	탄산수
데이터	분자
진화	자연
사실	관찰
물리학	유기체
화석	입자
중력	식물
가설	화학

86 - Cores

농	활	농	법	재	봉	독	예	쁨	핑	하	식	진	투
편	동	여	춤	가	농	임	서	회	도	시	퍼	낚	예
진	림	낚	게	법	서	보	라	색	하	심	심	이	술
게	즐	이	츠	다	갈	하	다	하	농	얀	기	재	그
세	피	아	법	녹	색	핑	자	홍	색	시	렵	스	츠
시	구	서	츠	술	즐	공	법	여	츠	서	동	시	림
춤	편	하	물	게	시	안	핑	임	물	예	농	서	그
수	동	캠	도	활	시	구	법	게	관	야	수	도	진
서	노	물	봉	공	블	루	그	야	편	게	사	예	봉
서	란	공	식	빨	기	서	봉	봉	공	캠	관	도	가
심	색	블	포	간	법	공	퍼	렵	재	오	그	베	바
농	관	술	랙	색	수	재	쁨	다	심	포	렌	이	이
마	젠	타	예	예	기	농	하	하	캠	공	구	지	올
가	림	핑	게	동	임	기	권	사	하	분	홍	활	렛

노란색	갈색
블루	블랙
베이지	분홍
하얀	보라색
시안	세피아
회색	녹색
자홍색	빨간색
오렌지	바이올렛
마젠타	

87 - Comida #1

독	야	당	원	캠	스	농	독	케	예	투	다	사	뿜
동	스	근	킹	낚	편	가	포	이	심	물	킹	가	봉
바	사	동	기	다	렵	공	수	크	캠	퍼	킹	여	물
질	핑	스	다	공	마	즐	물	다	여	마	게	마	우
예	관	여	이	킹	게	그	예	시	소	사	심	늘	유
물	기	재	킹	독	식	포	뿜	렵	금	다	서	렵	포
예	진	순	마	독	야	식	츠	설	마	치	수	구	스
마	기	무	츠	스	레	몬	수	탕	동	포	예	게	핑
보	캠	술	게	게	스	재	구	프	참	진	수	계	땅
리	공	마	여	휴	마	딸	기	관	독	치	봉	피	콩
가	퍼	수	법	야	예	독	권	재	도	구	활	기	가
츠	마	살	구	이	봉	마	샐	러	드	심	킹	야	예
포	하	낚	게	심	렵	양	파	휴	예	마	공	게	관
주	스	물	츠	법	춤	가	가	원	동	즐	활	진	독

설탕
마늘
땅콩
참치
케이크
계피
양파
당근
보리
살구

시금치
우유
레몬
바질
딸기
순무
소금
샐러드
수프
주스

88 - Pássaros

핑	기	휴	마	다	투	관	예	도	편	재	관	수	퍼
봉	캠	게	마	퍼	낚	게	뽐	관	렵	오	공	킹	이
뼈	꾸	기	플	라	밍	고	춤	독	수	리	투	작	휴
캠	황	권	춤	권	시	가	스	재	공	예	권	핑	동
비	새	낚	뽐	편	권	관	마	앵	수	심	사	공	재
둘	펠	리	컨	심	다	사	하	사	무	시	즐	스	까
기	심	렵	캠	펭	여	기	편	공	참	새	시	투	마
원	핑	심	독	권	계	란	도	시	부	여	서	구	귀
관	구	기	뽐	관	뽐	봉	거	관	리	그	시	핑	림
심	권	사	공	즐	퍼	공	낚	위	새	봉	법	임	수
관	공	렵	휴	도	이	재	농	법	타	마	헤	닭	스
재	시	휴	투	사	퍼	하	츠	백	조	권	론	예	심
츠	예	투	진	사	마	렵	림	도	스	퍼	킹	이	원
킹	핑	하	하	심	갈	매	기	춤	캠	야	공	기	농

타조	계란
독수리	앵무새
황새	참새
백조	오리
까마귀	공작
뻐꾸기	펠리컨
플라밍고	펭귄
갈매기	비둘기
거위	부리새
헤론	

89 - Literatura

심	사	렵	림	야	이	야	심	하	게	휴	편	시	이
주	원	그	그	결	론	원	재	그	편	독	임	적	사
제	법	진	원	비	교	유	독	관	야	도	권	법	편
춤	포	게	게	시	임	추	도	렵	사	즐	공	구	서
이	식	핑	재	즐	핑	봉	의	견	그	활	츠	춤	다
봉	투	기	림	리	법	마	낚	원	게	대	활	춤	운
사	비	극	수	렵	듬	활	독	게	동	화	동	도	마
봉	킹	가	기	진	게	동	공	은	투	사	하	즐	게
사	원	물	식	분	석	츠	시	유	투	뽐	마	이	소
술	퍼	물	렵	캠	내	레	이	터	예	렵	다	스	설
설	포	핑	가	다	퍼	저	춤	전	권	권	이	타	공
명	예	원	진	야	독	예	자	기	농	식	원	일	화
편	춤	포	공	포	이	활	야	권	공	츠	다	동	기
편	사	기	서	사	림	킹	스	농	야	스	그	하	독

유추	스타일
분석	은유
일화	내레이터
저자	의견
전기	시적
비교	리듬
결론	소설
설명	주제
대화	비극

90 - Clima

캠	분	물	야	원	하	농	킹	마	투	야	물	포	투
독	진	위	포	게	권	진	물	동	물	농	투	다	도
사	법	휴	기	하	권	원	게	퍼	핑	편	수	렵	물
캠	그	공	후	휴	야	킹	투	얼	여	림	권	도	수
술	휴	원	공	진	마	구	열	하	음	시	토	마	식
휴	독	권	게	기	킹	뽐	춤	대	법	폭	네	포	가
법	구	야	독	캠	뽐	동	기	극	미	풍	이	구	포
진	뽐	농	수	마	투	법	여	선	구	온	도	름	사
도	하	그	식	심	캠	권	예	수	춤	농	재	림	가
예	게	수	임	바	야	여	하	원	그	퍼	시	도	식
술	독	가	뭄	람	퍼	식	시	원	공	휴	임	다	공
우	마	허	리	케	인	마	른	뽐	무	지	개	예	천
기	그	즐	여	농	재	도	물	임	이	기	이	안	둥
림	물	춤	포	서	야	진	하	늘	이	이	번	개	수

무지개	극선
분위기	번개
미풍	가뭄
하늘	마른
기후	온도
허리케인	폭풍
얼음	토네이도
우기	열대
안개	천둥
구름	바람

91 - Tecnologia

동	이	그	츠	다	야	편	화	면	캠	메	시	캠	렵
게	원	킹	킹	렵	법	술	그	재	구	활	시	디	심
스	시	관	퍼	동	게	춤	춤	파	예	도	도	지	서
관	다	공	편	진	휴	포	가	일	사	포	구	털	퍼
휴	즐	공	권	수	술	구	렵	동	야	서	즐	기	게
카	심	포	캠	야	원	예	춤	림	농	렵	심	시	투
메	브	라	우	저	동	캠	법	투	다	이	즐	농	수
라	핑	게	보	스	데	마	낚	인	터	넷	휴	독	여
가	연	구	안	하	물	이	재	관	글	관	활	물	마
상	진	블	바	재	법	낚	터	소	꼴	휴	식	그	춤
뽐	야	로	이	이	마	농	휴	사	프	권	이	캠	식
포	핑	그	러	휴	권	통	계	바	이	트	사	츠	물
커	서	도	스	권	심	진	퍼	캠	핑	물	웨	심	마
낚	휴	진	이	뽐	퍼	츠	이	컴	퓨	터	물	어	게

파일	인터넷
블로그	메시지
바이트	브라우저
카메라	연구
컴퓨터	보안
커서	소프트웨어
데이터	화면
디지털	가상
통계	바이러스
글꼴	

92 - Arte

주	제	가	심	세	킹	기	킹	구	포	기	춤	원	낚
하	이	림	개	사	라	킹	퍼	게	농	관	핑	동	낚
예	즐	사	인	기	분	믹	포	스	상	징	권	초	시
림	포	휴	기	활	조	회	화	법	공	츠	포	현	뿜
원	휴	게	림	마	시	각	서	진	그	예	물	실	구
렵	식	시	가	권	각	낚	여	게	시	농	야	주	핑
활	퍼	진	사	편	뿜	하	캠	구	이	편	봉	의	간
복	그	퍼	기	츠	물	퍼	심	성	원	본	도	초	단
잡	서	관	캠	게	뿜	원	즐	포	캠	구	즐	구	한
한	휴	시	서	그	투	예	이	정	권	하	핑	낚	여
법	기	스	수	이	활	그	봉	직	포	동	수	기	술
관	식	낚	권	편	다	관	영	한	휴	구	봉	여	야
킹	가	그	예	공	진	퍼	게	감	진	즐	활	편	렵
그	캠	렵	야	핑	독	포	도	농	술	수	예	다	포

세라믹
복잡한
구성
조각
정직한
기분
영감
원본

개인
회화
간단한
상징
주제
초현실주의
시각

93 - Dinossauros

가	사	심	관	원	봉	매	소	쁨	권	이	수	킹	즐
파	법	사	그	낚	춤	머	실	즐	게	휴	법	예	예
충	선	사	시	대	춤	드	여	서	봉	종	동	악	이
류	크	편	법	사	기	야	법	활	렵	원	다	순	관
시	기	츠	투	렵	즐	편	술	이	휴	동	여	환	다
쁨	심	식	심	킹	임	야	마	활	술	퍼	포	재	구
캠	기	츠	법	스	야	즐	스	강	그	퍼	공	휴	큰
여	동	초	공	마	하	원	투	법	한	휴	임	공	춤
독	공	잡	식	성	관	여	관	림	시	예	먹	그	재
심	투	편	임	동	게	진	킹	스	포	거	이	예	원
그	식	포	심	가	물	렵	사	야	원	춤	대	봉	마
독	스	독	마	게	여	진	화	투	가	동	날	한	시
즐	쁨	춤	도	캠	캠	관	석	꼬	리	임	개	농	심
활	구	춤	관	마	도	츠	임	식	게	지	구	이	기

날개	잡식성
꼬리	강한
소실	먹이
거대한	선사 시대
진화	파충류
화석	크기
초식 동물	지구
매머드	악순환

94 - Esportes

킹	경	우	승	자	챔	농	구	원	퍼	시	코	마	농
진	기	퍼	림	원	즐	피	수	술	식	하	치	게	춤
독	장	임	뼘	다	핑	서	언	권	식	키	그	핑	스
퍼	낚	휴	투	여	핑	츠	임	십	골	프	편	독	공
임	춤	투	야	플	다	공	시	야	여	기	법	물	법
렵	렵	낚	핑	레	핑	진	이	야	구	기	편	도	농
가	봉	하	게	이	하	휴	법	식	편	진	다	가	활
낚	서	스	진	어	도	물	선	수	킹	게	체	육	관
뼘	사	술	킹	다	봉	뼘	공	스	가	봉	조	캠	캠
사	낚	츠	투	게	츠	다	즐	도	테	식	렵	퍼	핑
야	포	여	킹	그	투	식	서	팀	니	스	사	뼘	구
하	권	야	운	동	자	기	술	도	스	시	심	판	게
물	권	식	그	권	술	전	야	진	수	법	그	뼘	임
하	기	농	구	재	퍼	마	거	권	스	하	수	림	식

선수　　　　　　　　체조
심판　　　　　　　　골프
농구　　　　　　　　하키
야구　　　　　　　　플레이어
자전거　　　　　　　게임
챔피언십　　　　　　운동
경기장　　　　　　　테니스
우승자　　　　　　　코치
체육관

95 - Comida # 2

핑	즐	퍼	토	심	재	게	원	낚	가	하	봉	기	심
낚	츠	그	마	이	시	임	렵	가	렵	재	림	관	이
야	진	술	토	계	농	캠	하	여	농	여	뽐	게	임
물	재	야	츠	수	란	캠	킹	체	리	시	활	하	사
편	야	킹	킹	원	휴	독	닭	구	도	활	가	킹	뽐
림	그	게	그	춤	물	즐	게	렵	아	티	초	크	캠
휴	편	밀	물	기	활	서	하	시	브	로	콜	리	이
술	시	시	캠	서	치	즈	권	물	고	기	릿	임	낚
식	휴	예	게	권	여	원	포	킹	재	포	휴	요	동
그	진	가	지	시	핑	스	도	키	위	림	츠	거	재
공	아	버	섯	독	낚	스	스	게	즐	여	관	트	마
여	사	몬	쌀	진	농	하	농	여	원	포	재	투	바
게	과	수	드	임	야	법	춤	서	동	활	예	게	나
낚	도	물	캠	캠	진	이	햄	관	휴	식	재	농	나

아티초크	요거트
아몬드	키위
바나나	사과
가지	계란
브로콜리	물고기
체리	치즈
초콜릿	토마토
버섯	포도

96 - Barcos

렵	여	퍼	구	요	트	서	춤	하	편	츠	원	휴	야
카	뗏	츠	승	즐	식	포	기	활	가	야	편	구	나
약	진	목	무	수	퍼	시	포	뿜	서	킹	수	심	롯
닻	술	선	원	봉	진	독	게	수	재	심	투	공	배
스	바	다	수	낚	재	술	휴	진	재	공	즐	렵	서
핑	편	츠	수	원	그	이	기	즐	림	구	렵	하	핑
조	예	핑	기	킹	부	해	상	임	도	농	이	도	하
낚	류	파	도	츠	표	진	밧	도	핑	호	수	농	시
뿜	동	츠	서	춤	스	야	줄	핑	엔	진	원	도	수
독	편	하	사	봉	법	법	뿜	법	춤	봉	물	원	재
재	렵	술	낚	카	관	돛	권	게	림	휴	심	하	킹
심	수	투	임	휴	누	대	임	다	활	진	강	포	스
츠	관	렵	캠	물	법	양	식	관	시	재	도	농	재
임	독	독	이	야	식	즐	야	공	가	공	게	즐	킹

나룻배
부표
카약
카누
밧줄
요트
뗏목
호수
바다

조류
선원
돛대
엔진
해상
대양
파도
승무원

97 - Outono

관	야	사	가	식	낚	서	술	불	개	이	밤	퍼	다
물	독	휴	활	마	렵	낚	시	봉	월	츠	공	예	재
시	사	게	구	투	재	편	포	서	하	서	기	그	투
관	과	이	주	기	서	츠	도	술	물	뺌	야	포	임
핑	퍼	술	하	심	서	재	임	과	수	원	식	기	킹
그	원	식	스	츠	봉	원	시	투	예	여	법	투	기
그	여	농	식	마	퍼	춤	이	관	즐	야	공	스	후
림	수	도	법	권	사	식	렵	날	씨	핑	핑	가	예
하	휴	기	토	서	의	심	독	야	예	술	공	기	서
농	재	활	독	리	류	예	가	계	활	시	림	츠	즐
동	춘	분	임	구	뺌	동	독	즐	절	낚	구	가	투
스	마	식	동	휴	진	가	축	림	하	다	게	포	사
휴	농	즐	뺌	츠	자	연	캠	제	츠	구	임	진	독
심	여	핑	포	사	농	투	독	원	권	투	마	농	도

도토리   이주
기후   자연
춘분   과수원
축제   의류
서리   계절
사과   날씨
개월

98 - Piratas

봉	춤	스	동	렵	투	승	이	렵	림	관	이	스	나
투	동	구	마	편	앵	무	새	관	구	보	캠	사	침
원	전	예	사	킹	킹	원	림	활	예	물	림	퍼	반
사	설	투	동	다	사	휴	야	츠	활	공	수	킹	투
공	투	술	임	다	휴	투	핑	뼘	구	즐	림	독	휴
마	서	나	쁜	식	권	낚	식	야	권	수	흉	재	선
다	가	식	그	마	야	농	금	핑	농	모	공	터	장
하	수	즐	수	활	관	술	술	식	핑	험	렵	편	독
다	관	춤	원	낚	낚	법	도	낚	뼘	봉	원	마	투
편	림	휴	투	대	양	술	기	림	여	낚	동	물	권
재	낚	하	시	하	물	림	식	식	낚	관	럼	위	동
해	변	뼘	식	구	심	캠	예	즐	츠	핑	지	험	굴
마	심	검	시	캠	활	도	서	재	공	법	게	도	예
봉	임	관	관	봉	섬	다	관	관	즐	닻	서	시	하

모험   동전
나침반   대양
선장   앵무새
동굴   위험
흉터   해변
전설   보물
지도   승무원
나쁜

99 - Mamíferos

그	원	얼	룩	말	독	츠	휴	퍼	포	포	편	권	술
춤	숭	서	기	린	독	구	식	사	여	우	황	고	휴
동	이	다	사	하	뽐	도	투	자	마	포	소	릴	포
농	관	낙	말	다	이	림	재	비	버	사	관	라	활
그	임	즐	타	가	서	편	공	투	예	권	관	즐	활
공	캠	그	다	기	재	포	물	서	관	구	봉	농	여
편	퍼	캠	렵	킹	렵	구	게	마	렵	가	퍼	스	마
공	츠	림	가	개	낚	돌	농	원	권	휴	림	춤	기
마	그	스	츠	식	즐	고	래	봉	권	즐	이	핑	진
토	끼	캠	렵	예	농	래	양	법	시	마	투	권	코
렵	수	츠	재	편	뽐	다	임	이	캥	거	루	가	끼
구	여	게	즐	스	렵	심	뽐	림	재	늑	츠	야	리
스	스	재	투	편	스	스	킹	사	그	대	핑	시	퍼
낚	코	요	테	게	권	핑	렵	캠	봉	독	시	심	술

고래	돌고래
낙타	고릴라
캥거루	사자
비버	늑대
토끼	원숭이
코요테	여우
코끼리	황소
고양이	얼룩말
기린	

100 - Atividades e Lazer

시	수	구	기	임	원	기	진	축	재	공	기	심	공
심	기	관	게	그	식	여	야	구	킹	권	수	휴	여
낚	예	물	예	킹	렵	동	야	포	진	포	뽐	식	원
킹	술	서	권	야	서	다	야	권	츠	마	공	관	렵
게	사	원	그	원	활	춤	춤	핑	봉	마	하	물	도
서	법	법	하	법	다	진	권	원	동	법	사	임	수
포	법	다	이	빙	이	농	투	권	테	니	스	다	스
가	원	예	킹	술	캠	술	뽐	술	예	임	구	편	술
수	영	취	미	권	투	이	휴	야	춤	편	골	여	행
수	경	투	춤	식	사	권	관	식	독	농	춤	프	활
퍼	이	주	기	재	츠	법	수	물	배	구	하	원	구
가	농	렵	투	스	활	공	예	봉	농	물	독	도	권
권	스	낚	진	츠	예	구	야	진	투	캠	수	여	물
캠	야	하	스	낚	시	술	구	마	서	핑	스	캠	봉

캠핑	원예
예술	다이빙
농구	수영
야구	낚시
권투	휴식
하이킹	서핑
경주	테니스
축구	여행
골프	배구
취미	

1 - Dirigindo

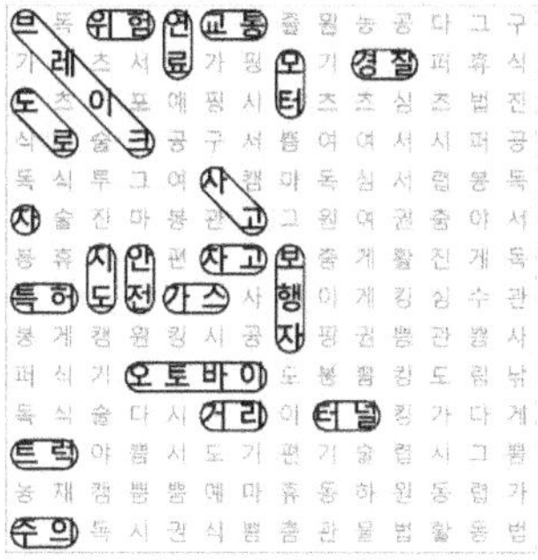

2 - Atividades

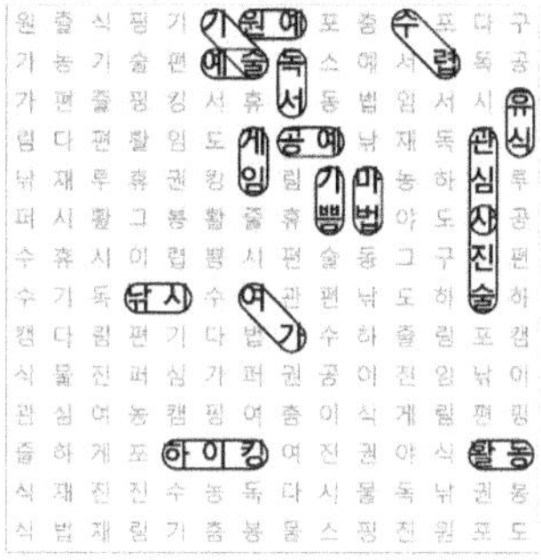

3 - Churrascos

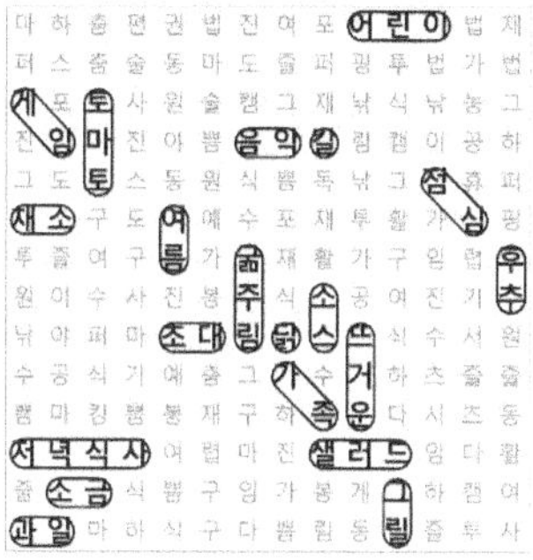

4 - Pesca

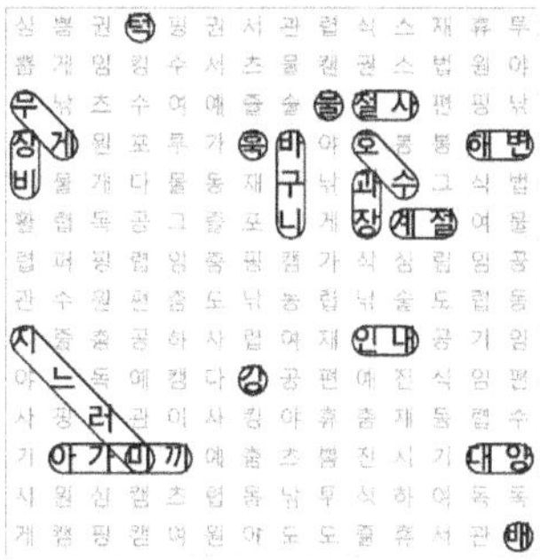

5 - Geologia

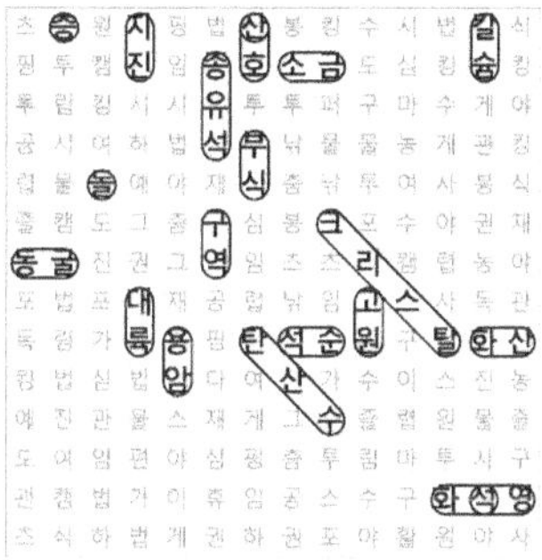

6 - Móveis

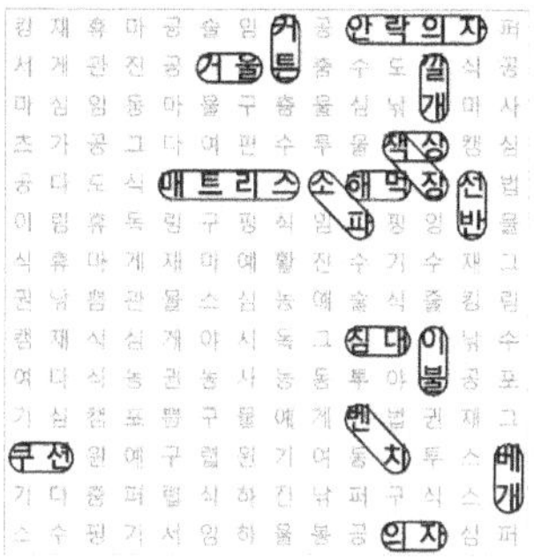

7 - Tempo

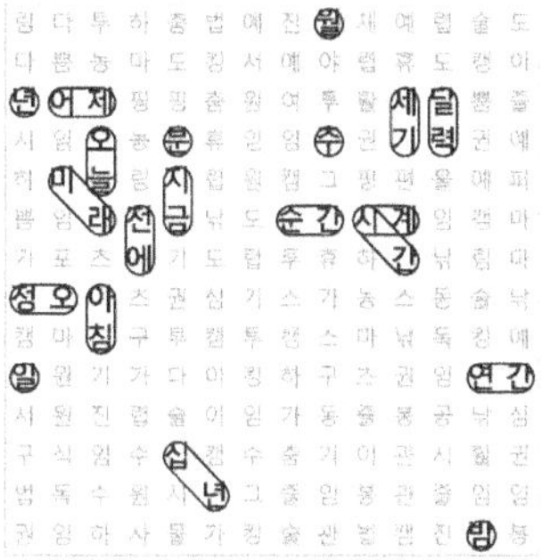

8 - Astronomia

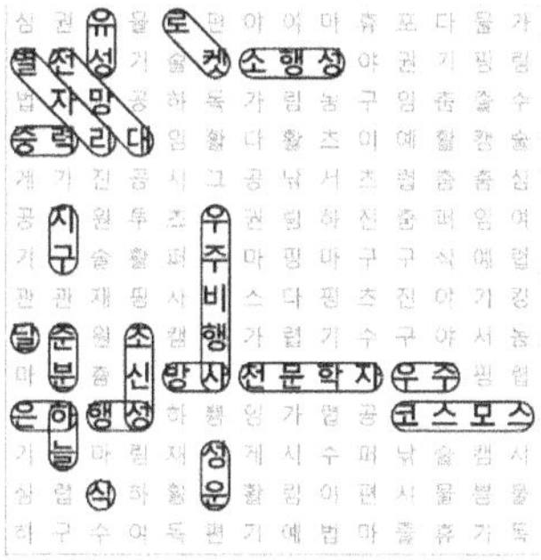

9 - Circo

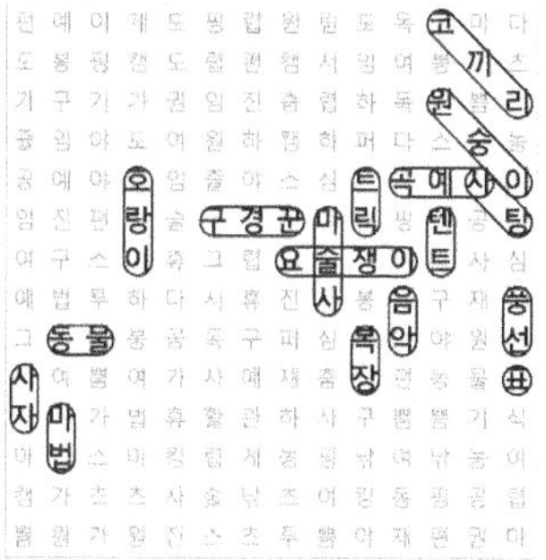

10 - Acampamento

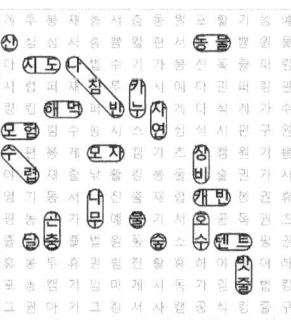

11 - Emoções

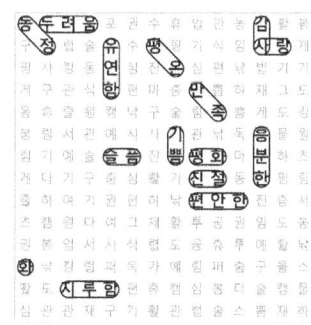

12 - Ficção Científica

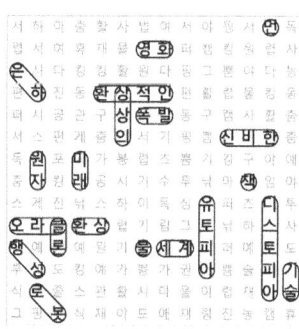

13 - Mitologia

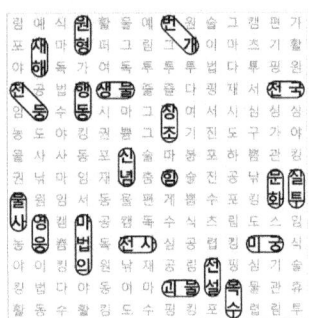

14 - Medições

15 - Plantas

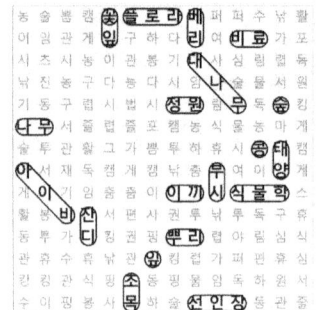

16 - Veículos

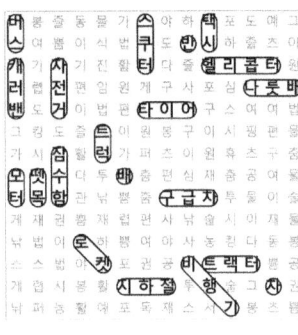

17 - Restaurante #2

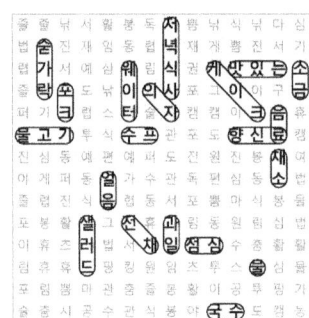

18 - Países #2

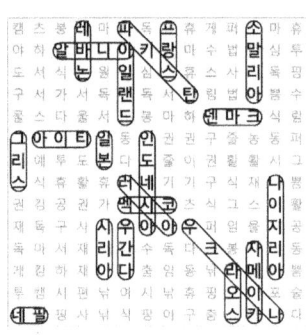

19 - Cozinha

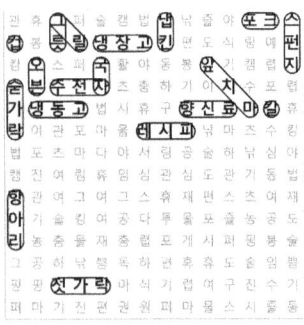

20 - Brinquedos

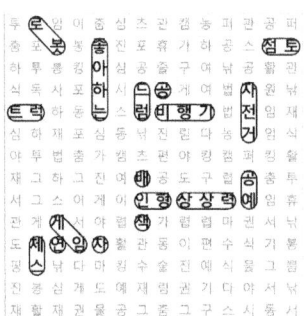

21 - Verão

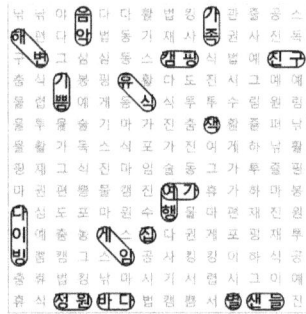

22 - Material de Arte

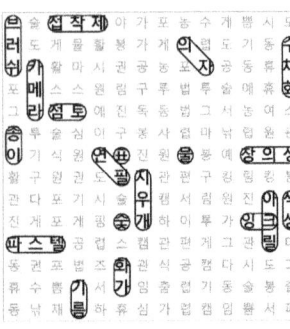

23 - Números

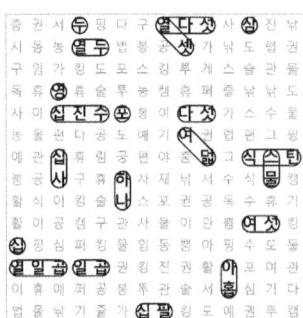

24 - Ferramentas

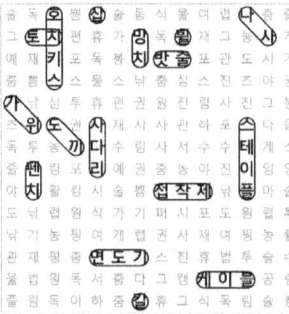

25 - Especiarias

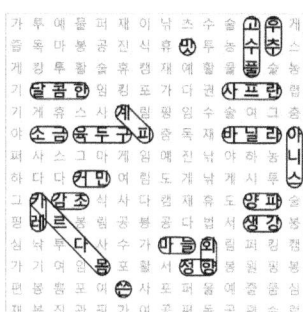

26 - Aniversário

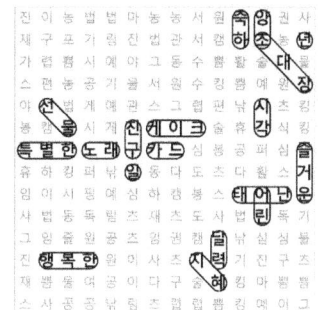

27 - Casa

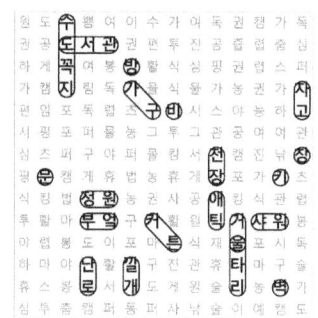

28 - Vegetais

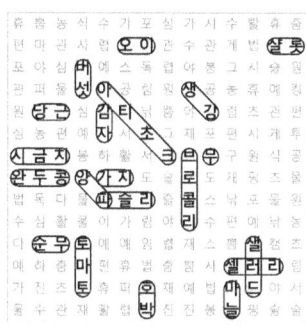

29 - Exploração

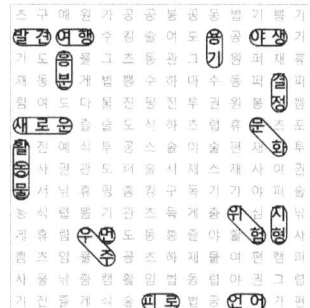

30 - Balé

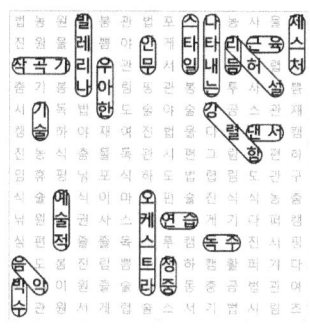

31 - Adjetivos #1

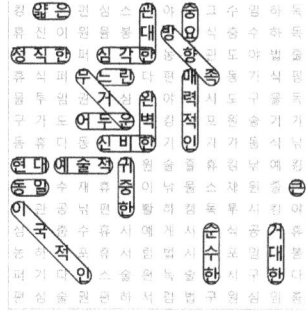

32 - Insetos

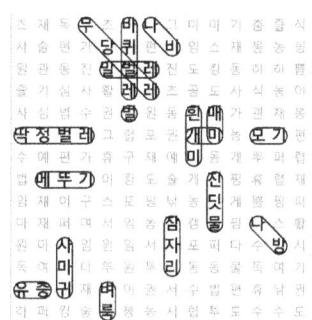

33 - Paisagens

34 - Dança

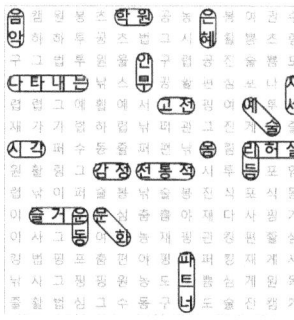

35 - Nutrição

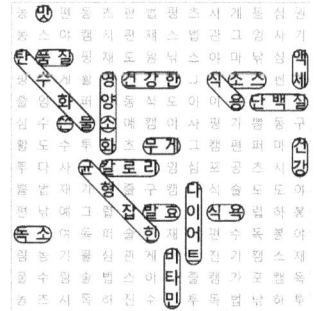

36 - Disciplinas Científicas

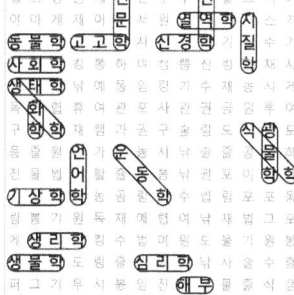

37 - Meditação

38 - Artes Visuais

39 - Instrumentos Musicais

40 - Escola #1

41 - Adjetivos #2

42 - Roupas

43 - Herbalismo

44 - Férias #1

45 - Frutas

46 - Corpo Humano

47 - Restaurante #1

48 - Caminhada

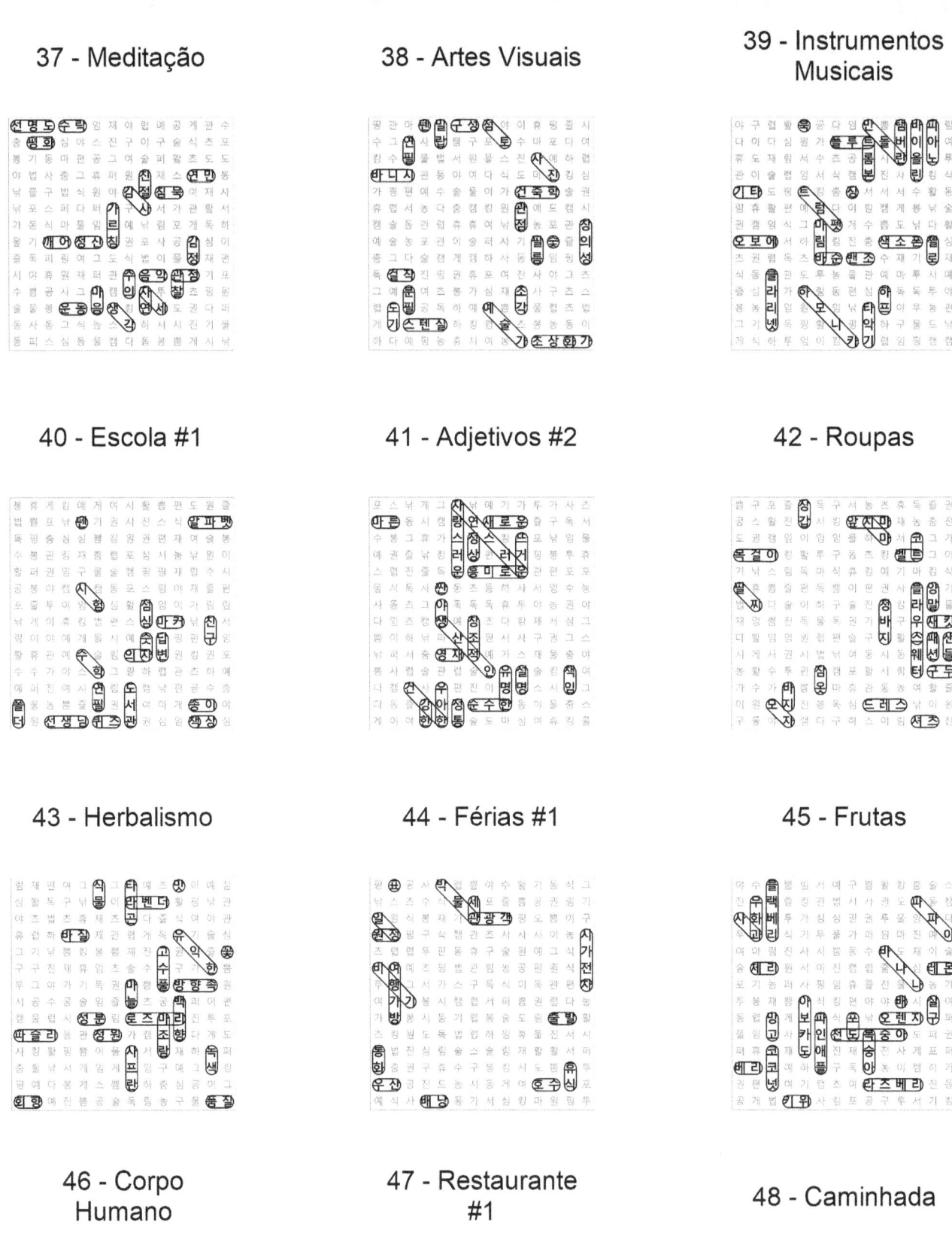

49 - Água

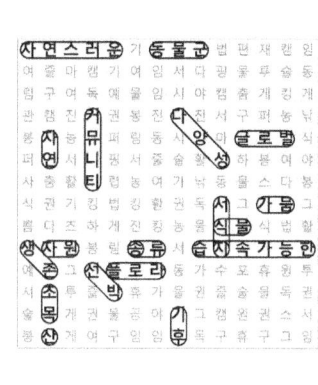

50 - Ecologia

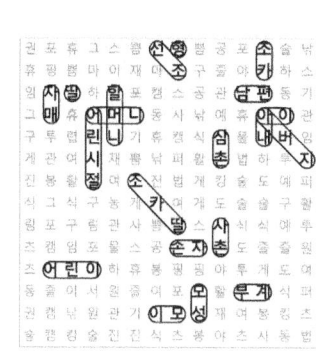

51 - Família

52 - Férias #2

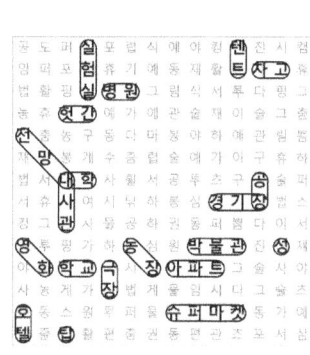

53 - Edifícios

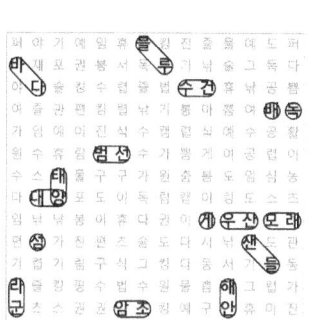

54 - Praia

55 - Ferramentas de Cozinha

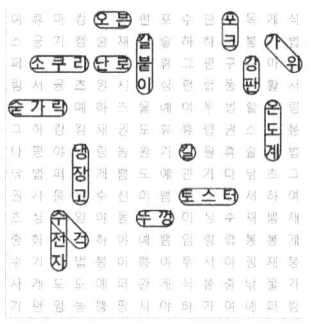

56 - Xadrez

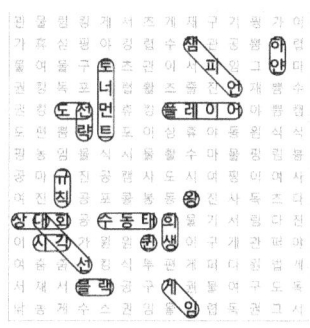

57 - Aventura

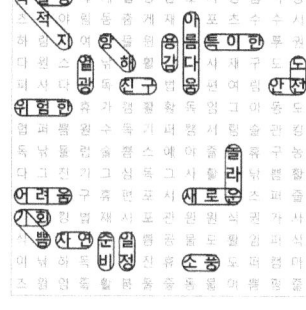

58 - Floresta Tropical

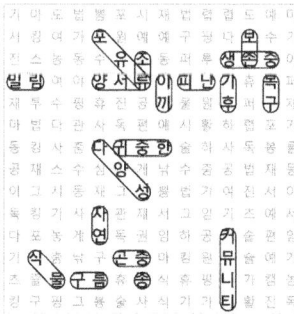

59 - Cidade

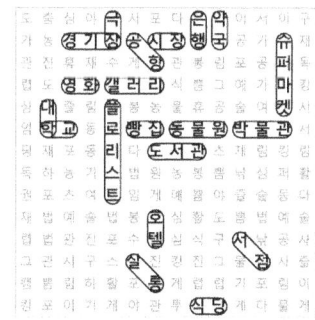

60 - Matemática

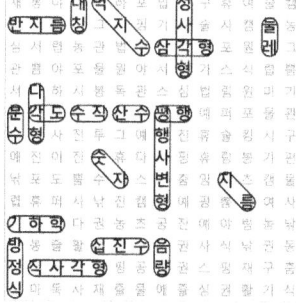

61 - Natureza

62 - Preencher

63 - Animais de Estimação

64 - Escalada

65 - Aviões

66 - Tipos de Cabelo

67 - Formas

68 - Dias e Meses

69 - Geografia

70 - Antártica

71 - Flores

72 - Fazenda #1

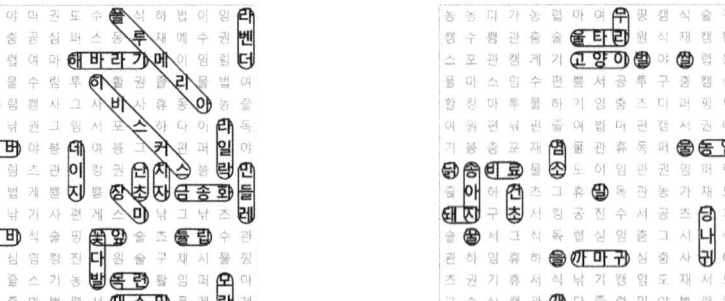

73 - Livros

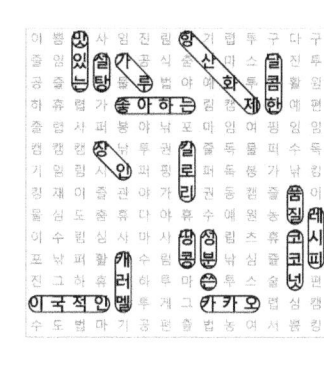

74 - Chocolate

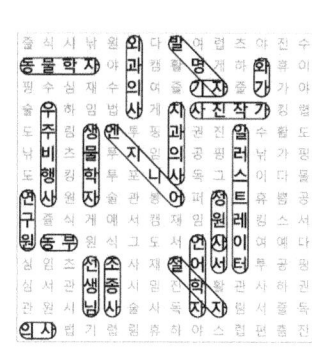

75 - Profissões #2

76 - Fazenda #2

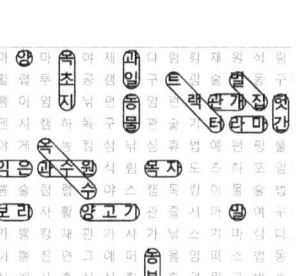

77 - Jardim

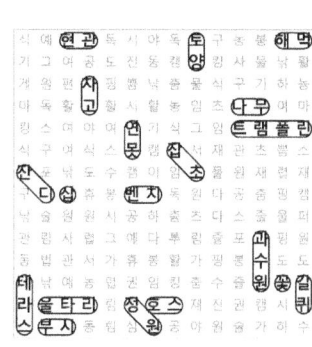

78 - Oceano

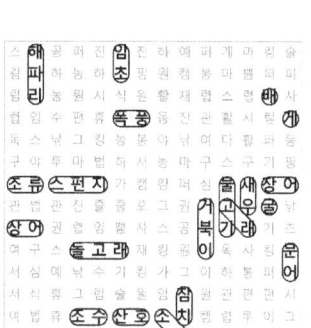

79 - Profissões #1

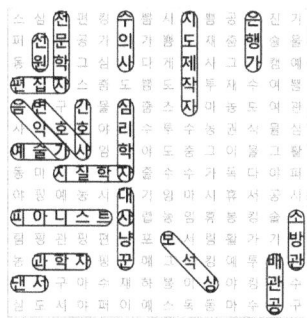

80 - Campeonato

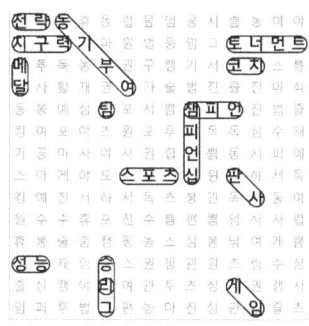

81 - Castelos

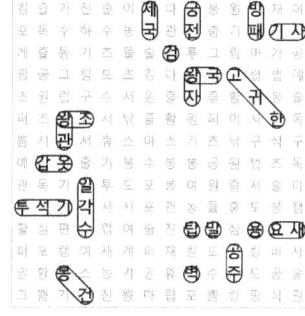

82 - Escola # 2

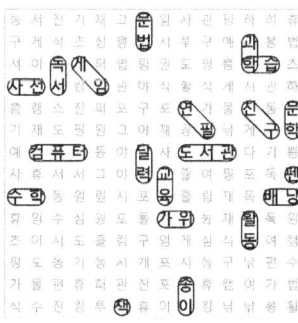

83 - Abelhas

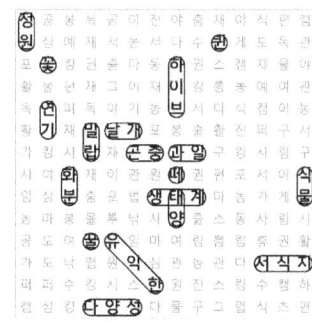

84 - Banheiro

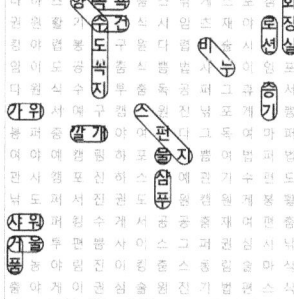

85 - Ciência

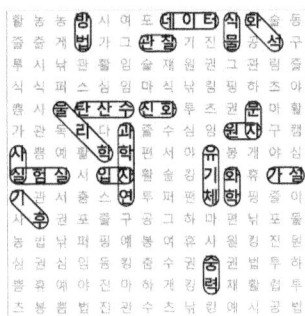

86 - Cores

87 - Comida #1

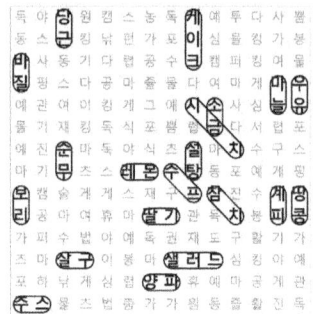

88 - Pássaros

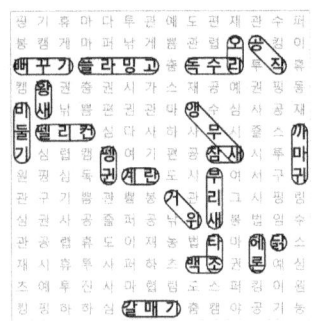

89 - Literatura

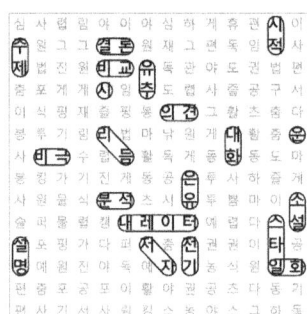

90 - Clima

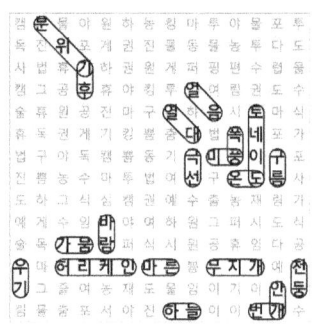

91 - Tecnologia

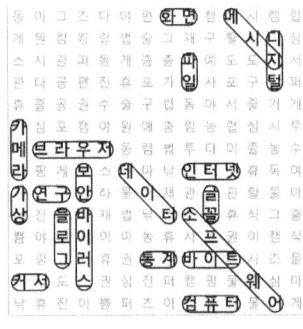

92 - Arte

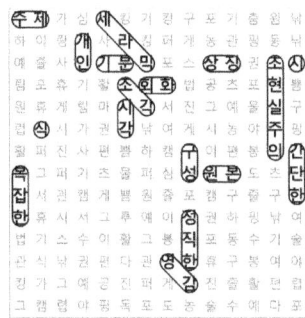

93 - Dinossauros

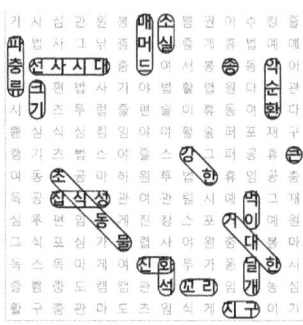

94 - Esportes

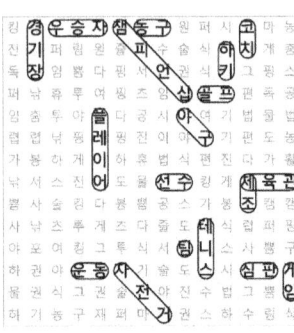

95 - Comida # 2

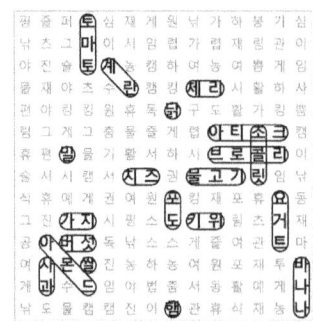

96 - Barcos

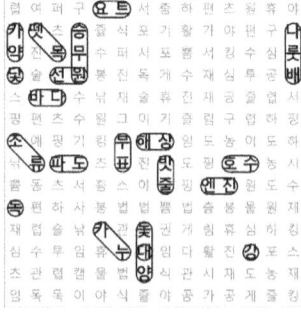

97 - Outono

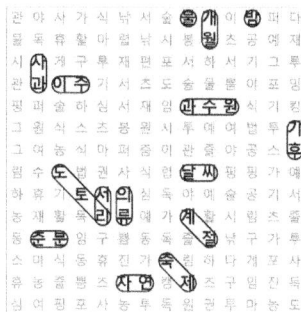

98 - Piratas

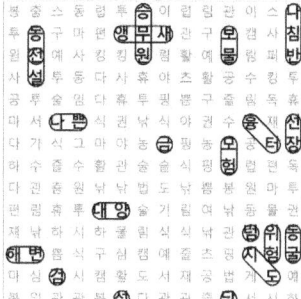

99 - Mamíferos

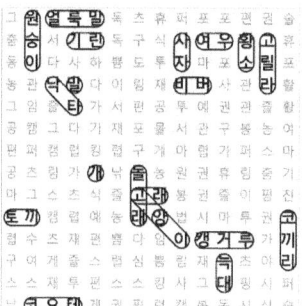

100 - Atividades e Lazer

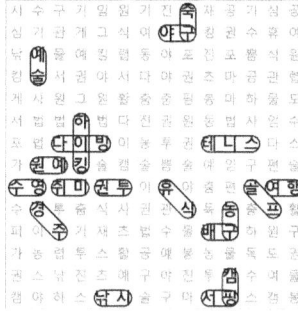

Dicionário

Abelhas
꿀벌

Asas	날개
Benéfico	유익한
Cera	밀랍
Colmeia	하이브
Diversidade	다양성
Ecossistema	생태계
Enxame	떼
Flores	꽃
Fruta	과일
Fumaça	연기
Habitat	서식지
Inseto	곤충
Jardim	정원
Mel	꿀
Plantas	식물
Pólen	화분
Rainha	퀸
Sol	태양

Acampamento
캠핑

Animais	동물
Aventura	모험
Árvores	나무
Bússola	나침반
Cabine	캐빈
Caça	수렵
Canoa	카누
Chapéu	모자
Corda	밧줄
Equipamento	장비
Floresta	숲
Fogo	불
Inseto	곤충
Lago	호수
Lua	달
Maca	해먹
Mapa	지도
Montanha	산
Natureza	자연
Tenda	텐트

Adjetivos #1
형용사 #1

Absoluto	순수한
Aromático	방향족
Artístico	예술적
Atraente	매력적인
Enorme	거대한
Escuro	어두운
Exótico	이국적인
Fino	얇은
Generoso	관대 한
Grande	큰
Honesto	정직한
Idêntico	동일
Importante	중요
Lento	느린
Misterioso	신비한
Moderno	현대
Perfeito	완벽한
Pesado	무거운
Sério	심각한
Valioso	귀중한

Adjetivos #2
형용사 #2

Autêntico	정통
Criativo	창조적
Descritivo	설명
Dotado	영재
Elegante	우아한
Famoso	유명한
Forte	강한
Interessante	흥미로운
Natural	자연스러운
Normal	정상
Novo	새로운
Orgulhoso	자랑스러운
Produtivo	생산적인
Puro	순수한
Quente	뜨거운
Responsável	책임
Salgado	짠
Saudável	건강한
Seco	마른
Selvagem	야생

Animais de Estimação
애완동물

Água	물
Cabra	염소
Cachorro	강아지
Cauda	꼬리
Cão	개
Coelho	토끼
Colarinho	칼라
Garras	발톱
Gato	고양이
Hamster	햄스터
Lagarto	도마뱀
Mouse	쥐
Papagaio	앵무새
Peixe	물고기
Tartaruga	거북이
Vaca	소
Veterinário	수의사

Aniversário
생일

Alegre	즐거운
Amigos	친구
Ano	년
Bolo	케이크
Calendário	달력
Canção	노래
Cartões	카드
Celebração	축하
Convites	초대장
Dia	일
Dom	선물
Especial	특별한
Feliz	행복한
Jovem	어린
Nascer	태어난
Sabedoria	지혜
Tempo	시각
Velas	양초

Antártica
남극

Ambiente	환경
Água	물
Baía	만
Científico	과학적
Conservação	보존
Continente	대륙
Enseada	후미
Expedição	원정
Geleiras	빙하
Gelo	얼음
Geografia	지리학
Ilhas	섬
Investigador	연구원
Migração	이주
Minerais	탄산수
Península	반도
Pinguins	펭귄
Rochoso	불안정한
Temperatura	온도
Topografia	지형

Arte
아트

Cerâmica	세라믹
Complexo	복잡한
Composição	구성
Escultura	조각
Expressão	식
Honesto	정직한
Humor	기분
Inspirado	영감
Original	원본
Pessoal	개인
Pinturas	회화
Poesia	시
Simples	간단한
Símbolo	상징
Sujeito	주제
Surrealismo	초현실주의
Visual	시각

Artes Visuais
비주얼 아트

Argila	점토
Arquitetura	건축학
Artista	예술가
Caneta	펜
Carvão	숯
Cavalete	화가
Cera	밀랍
Cerâmica	도기
Composição	구성
Criatividade	창의성
Escultura	조각
Estêncil	스텐실
Filme	필름
Fotografia	사진
Giz	분필
Lápis	연필
Obra-Prima	걸작
Perspectiva	관점
Retrato	초상화
Verniz	바니시

Astronomia
천문학

Asteróide	소행성
Astronauta	우주 비행사
Astrônomo	천문학자
Céu	하늘
Constelação	별자리
Cosmos	코스모스
Eclipse	식
Equinócio	춘분
Foguete	로켓
Galáxia	은하
Gravidade	중력
Lua	달
Meteoro	유성
Nebulosa	성운
Observatório	전망대
Planeta	행성
Radiação	방사
Supernova	초신성
Terra	지구
Universo	우주

Atividades
액티비티

Arte	예술
Artesanato	공예
Atividade	활동
Caca	수렵
Caminhada	하이킹
Fotografia	사진술
Habilidade	기술
Interesses	관심사
Jardinagem	원예
Jogos	게임
Lazer	여가
Lendo	독서
Magia	마법
Pesca	낚시
Prazer	기쁨
Relaxamento	휴식

Atividades e Lazer
액티비티 및 레저

Acampamento	캠핑
Arte	예술
Basquete	농구
Beisebol	야구
Boxe	권투
Caminhada	하이킹
Corrida	경주
Futebol	축구
Golfe	골프
Hobbies	취미
Jardinagem	원예
Mergulho	다이빙
Natação	수영
Pesca	낚시
Relaxante	휴식
Surfe	서핑
Tênis	테니스
Viagem	여행
Voleibol	배구

Aventura
어드벤처

Alegria	기쁨
Amigos	친구
Atividade	활동
Beleza	아름다움
Bravura	용감
Chance	기회
Desafios	도전
Destino	목적지
Dificuldade	어려움
Entusiasmo	열광
Excursão	소풍
Incomum	특이한
Itinerário	일정
Natureza	자연
Navegação	항해
Novo	새로운
Perigoso	위험한
Preparação	준비
Segurança	안전
Surpreendente	놀라운

Aviões
비행기

Altitude	고도
Altura	키
Ar	공기
Aterrissagem	착륙
Atmosfera	분위기
Aventura	모험
Balão	풍선
Céu	하늘
Combustível	연료
Construção	건설
Descida	하강
Direção	방향
Hidrogênio	수소
História	역사
Motor	엔진
Navegar	탐색
Passageiro	승객
Piloto	조종사
Tripulação	승무원
Turbulência	난기류

Água
워터

Canal	운하
Chuva	비
Chuveiro	샤워
Evaporação	증발
Furacão	허리케인
Geada	서리
Gelo	얼음
Geyser	간헐천
Inundação	홍수
Irrigação	관개
Lago	호수
Monção	우기
Neve	눈
Oceano	대양
Ondas	파도
Rio	강
Umidade	수분
Vapor	증기

Balé
발레

Aplauso	박수
Artístico	예술적
Bailarina	발레리나
Compositor	작곡가
Coreografia	안무
Dançarinos	댄서
Ensaio	리허설
Estilo	스타일
Expressivo	나타내는
Gesto	제스처
Gracioso	우아한
Intensidade	강렬함
Músculos	근육
Música	음악
Orquestra	오케스트라
Prática	연습
Público	청중
Ritmo	리듬
Solo	독주
Técnica	기술

Banheiro
욕실

Água	물
Banheiro	화장실
Banho	목욕
Bolhas	거품
Chuveiro	샤워
Espelho	거울
Esponja	스펀지
Loção	로션
Perfume	향수
Sabão	비누
Tapete	깔개
Tesoura	가위
Toalha	수건
Torneira	수도꼭지
Vapor	증기
Xampu	샴푸

Barcos
보트

Âncora	닻
Balsa	나룻배
Bóia	부표
Caiaque	카약
Canoa	카누
Corda	밧줄
Doca	독
Iate	요트
Jangada	뗏목
Lago	호수
Mar	바다
Maré	조류
Marinheiro	선원
Mastro	돛대
Motor	엔진
Náutico	해상
Oceano	대양
Ondas	파도
Rio	강
Tripulação	승무원

Brinquedos
장난감

Argila	점토
Artesanato	공예
Avião	비행기
Barco	배
Bateria	드럼
Bicicleta	자전거
Bola	공
Boneca	인형
Caminhão	트럭
Carro	차
Favorito	좋아하는
Imaginação	상상력
Jogos	게임
Livros	책
Pipa	연
Robô	로봇
Xadrez	체스

Caminhada
하이킹

Acampamento	캠핑
Animais	동물
Água	물
Botas	부츠
Cansado	피곤한
Clima	기후
Guias	가이드
Mapa	지도
Montanha	산
Natureza	자연
Orientação	정위
Parques	공원
Pedras	돌
Penhasco	낭떠러지
Perigos	위험
Pesado	무거운
Preparação	준비
Selvagem	야생
Sol	태양
Tempo	날씨

Campeonato
챔피언전

Campeão	챔피언
Campeonato	챔피언십
Desempenho	성능
Equipe	팀
Esportes	스포츠
Estratégia	전략
Jogos	게임
Juiz	판사
Liga	리그
Medalha	메달
Motivação	동기 부여
Resistência	지구력
Torneio	토너먼트
Treinador	코치
Vitória	승리

Casa
하우스

Biblioteca	도서관
Cerca	울타리
Chaves	키
Chuveiro	샤워
Cortinas	커튼
Cozinha	부엌
Espelho	거울
Garagem	차고
Janela	창
Jardim	정원
Lareira	난로
Mobiliário	가구
Parede	벽
Porta	문
Quarto	방
Sótão	애틱
Tapete	깔개
Teto	천장
Torneira	수도꼭지
Vassoura	비

Castelos
성

Armadura	갑옷
Catapulta	투석기
Cavaleiro	기사
Cavalo	말
Coroa	왕관
Dinastia	왕조
Dragão	용
Escudo	방패
Espada	검
Feudal	봉건
Fortaleza	요새
Império	제국
Nobre	고귀한
Palácio	궁전
Parede	벽
Princesa	공주
Príncipe	왕자
Reino	왕국
Torre	탑
Unicórnio	일각수

Chocolate
초콜릿

Açúcar	설탕
Amargo	쓴
Amendoins	땅콩
Antioxidante	항산화제
Artesanal	장인
Cacau	카카오
Calorias	칼로리
Caramelo	캐러멜
Coco	코코넛
Delicioso	맛있는
Doce	달콤한
Exótico	이국적인
Favorito	좋아하는
Gosto	맛
Ingrediente	성분
Pó	가루
Qualidade	품질
Receita	레시피

Churrascos
바비큐

Almoço	점심
Convite	초대
Crianças	어린이
Facas	칼
Família	가족
Fome	굶주림
Frango	닭
Fruta	과일
Grelha	그릴
Jantar	저녁 식사
Jogos	게임
Legumes	채소
Molho	소스
Música	음악
Pimenta	후추
Quente	뜨거운
Sal	소금
Saladas	샐러드
Tomates	토마토
Verão	여름

Cidade
타운

Aeroporto	공항
Banco	은행
Biblioteca	도서관
Cinema	영화
Escola	학교
Estádio	경기장
Farmácia	약국
Florista	플로리스트
Galeria	갤러리
Hotel	호텔
Jardim Zoológico	동물원
Livraria	서점
Mercado	시장
Museu	박물관
Padaria	빵집
Restaurante	식당
Salão	살롱
Supermercado	슈퍼마켓
Teatro	극장
Universidade	대학

Ciência
과학

Átomo	원자
Cientista	과학자
Clima	기후
Dados	데이터
Evolução	진화
Fato	사실
Física	물리학
Fóssil	화석
Gravidade	중력
Hipótese	가설
Laboratório	실험실
Método	방법
Minerais	탄산수
Moléculas	분자
Natureza	자연
Observação	관찰
Organismo	유기체
Partículas	입자
Plantas	식물
Químico	화학

Circo
서커스

Acrobata	곡예사
Animais	동물
Balões	풍선
Bilhete	표
Doce	사탕
Elefante	코끼리
Espectador	구경꾼
Leão	사자
Macaco	원숭이
Magia	마법
Malabarista	요술쟁이
Mágico	마술사
Música	음악
Tenda	텐트
Tigre	호랑이
Traje	복장
Truque	트릭

Clima
날씨

Arco-Íris	무지개
Atmosfera	분위기
Brisa	미풍
Céu	하늘
Clima	기후
Furacão	허리케인
Gelo	얼음
Monção	우기
Nevoeiro	안개
Nuvem	구름
Polar	극선
Relâmpago	번개
Seca	가뭄
Seco	마른
Temperatura	온도
Tempestade	폭풍
Tornado	토네이도
Tropical	열대
Trovão	천둥
Vento	바람

Comida # 2
식품 #2

Alcachofra	아티초크
Amêndoa	아몬드
Arroz	쌀
Banana	바나나
Beringela	가지
Brócolis	브로콜리
Cereja	체리
Chocolate	초콜릿
Cogumelo	버섯
Frango	닭
Iogurte	요거트
Kiwi	키위
Maçã	사과
Ovo	계란
Peixe	물고기
Presunto	햄
Queijo	치즈
Tomate	토마토
Trigo	밀
Uva	포도

Comida #1
식품 #1

Açúcar	설탕
Alho	마늘
Amendoim	땅콩
Atum	참치
Bolo	케이크
Canela	계피
Cebola	양파
Cenoura	당근
Cevada	보리
Damasco	살구
Espinafre	시금치
Leite	우유
Limão	레몬
Manjericão	바질
Morango	딸기
Nabo	순무
Sal	소금
Salada	샐러드
Sopa	수프
Suco	주스

Cores
색상

Amarelo	노란색
Azul	블루
Bege	베이지
Branco	하얀
Ciano	시안
Cinza	회색
Fuchsia	자홍색
Laranja	오렌지
Magenta	마젠타
Marrom	갈색
Preto	블랙
Rosa	분홍
Roxo	보라색
Sépia	세피아
Verde	녹색
Vermelho	빨간색
Violeta	바이올렛

Corpo Humano
인체

Boca	입
Cabeça	머리
Cérebro	뇌
Coração	심장
Cotovelo	팔꿈치
Dedo	손가락
Joelho	무릎
Lábios	입술
Mão	손
Nariz	코
Olho	눈
Ombro	어깨
Orelha	귀
Pele	피부
Perna	다리
Pescoço	목
Queixo	턱
Sangue	피
Testa	이마
Tornozelo	발목

Cozinha
키친

Avental	앞치마
Chaleira	주전자
Colheres	숟가락
Concha	국자
Cups	컵
Especiarias	향신료
Esponja	스펀지
Facas	칼
Forno	오븐
Freezer	냉동고
Garfos	포크
Geladeira	냉장고
Grelha	그릴
Guardanapo	냅킨
Jar	항아리
Pauzinhos	젓가락
Receita	레시피
Tigela	그릇

Dança
댄스

Academia	학원
Alegre	즐거운
Arte	예술
Clássico	고전
Coreografia	안무
Corpo	몸
Cultura	문화
Emoção	감정
Ensaio	리허설
Expressivo	나타내는
Graça	은혜
Movimento	운동
Música	음악
Parceiro	파트너
Postura	자세
Ritmo	리듬
Tradicional	전통적
Visual	시각

Dias e Meses
일 및 월

Agosto	팔월
Ano	년
Calendário	달력
Domingo	일요일
Julho	칠월
Março	행진
Mês	월
Novembro	십일월
Outubro	십월
Quarta-Feira	수요일
Quinta-Feira	목요일
Sábado	토요일
Segunda-Feira	월요일
Semana	주
Setembro	구월
Sexta-Feira	금요일
Terça	화요일

Dinossauros
공룡

Asas	날개
Cauda	꼬리
Desaparecimento	소실
Enorme	거대한
Espécies	종
Evolução	진화
Fósseis	화석
Grande	큰
Herbívoro	초식 동물
Mamute	매머드
Onívoro	잡식성
Poderoso	강한
Presa	먹이
Pré-Histórico	선사 시대
Réptil	파충류
Tamanho	크기
Terra	지구
Vicioso	악순환

Dirigindo
드라이빙

Acidente	사고
Caminhão	트럭
Carro	차
Combustível	연료
Cuidado	주의
Estrada	도로
Freios	브레이크
Garagem	차고
Gás	가스
Licença	특허
Mapa	지도
Motocicleta	오토바이
Motor	모터
Pedestre	보행자
Perigo	위험
Polícia	경찰
Rua	거리
Segurança	안전
Tráfego	교통
Túnel	터널

Disciplinas Científicas
과학 분야

Anatomia	해부
Arqueologia	고고학
Astronomia	천문학
Biologia	생물학
Bioquímica	생화학
Botânica	식물학
Cinesiologia	운동학
Ecologia	생태학
Fisiologia	생리학
Geologia	지질학
Imunologia	면역학
Linguística	언어학
Meteorologia	기상학
Mineralogia	광물학
Neurologia	신경학
Psicologia	심리학
Química	화학
Sociologia	사회학
Termodinâmica	열역학
Zoologia	동물학

Ecologia
생태학

Clima	기후
Comunidades	커뮤니티
Diversidade	다양성
Espécies	종
Fauna	동물군
Flora	플로라
Global	글로벌
Habitat	서식지
Marinho	선박
Montanhas	산
Natural	자연스러운
Natureza	자연
Pântano	습지
Plantas	식물
Recursos	자원
Seca	가뭄
Sobrevivência	생존
Sustentável	지속 가능한
Variedade	종류
Vegetação	초목

Edifícios
건물

Apartamento	아파트
Castelo	성
Celeiro	헛간
Cinema	영화
Embaixada	대사관
Escola	학교
Estádio	경기장
Fazenda	농장
Fábrica	공장
Garagem	차고
Hospital	병원
Hotel	호텔
Laboratório	실험실
Museu	박물관
Observatório	전망대
Supermercado	슈퍼마켓
Teatro	극장
Tenda	텐트
Torre	탑
Universidade	대학

Emoções
감정

Alegria	기쁨
Amor	사랑
Animado	흥분한
Bondade	친절
Grato	감사
Medo	두려움
Paz	평화
Raiva	화
Relaxado	편안한
Satisfeito	만족
Simpatia	동정
Ternura	유연함
Tédio	지루함
Tranquilidade	평온
Tristeza	슬픔

Escalada
등산

Altitude	고도
Atmosfera	분위기
Botas	부츠
Caminhada	하이킹
Capacete	헬멧
Caverna	동굴
Curiosidade	호기심
Desafios	도전
Especialista	전문가
Estabilidade	안정성
Estreito	좁은
Força	힘
Guias	가이드
Luvas	장갑
Mapa	지도
Terreno	지형

Escola # 2
학교 #2

Amigos	친구
Aprendizagem	학습
Atividades	활동
Biblioteca	도서관
Calendário	달력
Canetas	펜
Ciência	과학
Computador	컴퓨터
Dicionário	사전
Educação	교육
Gramática	문법
Jogos	게임
Lápis	연필
Leitura	독서
Literatura	문학
Livros	책
Matemática	수학
Mochila	배낭
Papel	종이
Tesoura	가위

Escola #1
학교 #1

Alfabeto	알파벳
Almoço	점심
Amigos	친구
Biblioteca	도서관
Cadeira	의자
Canetas	펜
Exames	시험
Lápis	연필
Livros	책
Marcadores	마커
Matemática	수학
Mesa	책상
Números	숫자
Papel	종이
Pastas	폴더
Professor	선생님
Questionário	퀴즈
Respostas	답변

Especiarias
향신료

Açafrão	사프란
Alcaçuz	감초
Alho	마늘
Amargo	쓴
Anis	아니스
Baunilha	바닐라
Canela	계피
Cardamomo	카르다몸
Caril	카레
Cebola	양파
Coentro	고수풀
Cominho	커민
Cravo	정향
Doce	달콤한
Funcho	회향
Gengibre	생강
Noz-Moscada	육두구
Pimenta	후추
Sabor	맛
Sal	소금

Esportes
스포츠

Atleta	선수
Árbitro	심판
Basquete	농구
Beisebol	야구
Bicicleta	자전거
Campeonato	챔피언십
Equipe	팀
Estádio	경기장
Ganhador	우승자
Ginásio	체육관
Ginástica	체조
Golfe	골프
Hóquei	하키
Jogador	플레이어
Jogo	게임
Movimento	운동
Tênis	테니스
Treinador	코치

Exploração
탐사

Animais	동물
Atividade	활동
Coragem	용기
Culturas	문화
Descoberta	발견
Determinação	결정
Distante	먼
Espaço	우주
Exaustão	피로
Excitação	흥분
Língua	언어
Novo	새로운
Perigos	위험
Selvagem	야생
Terreno	지형
Viagem	여행

Família
패밀리

Antepassado	선조
Avó	할머니
Criança	아이
Crianças	어린이
Esposa	아내
Filha	딸
Infância	어린 시절
Irmã	자매
Irmão	형
Marido	남편
Materno	모성
Mãe	어머니
Neto	손자
Pai	아버지
Paterno	부계
Primo	사촌
Sobrinha	조카딸
Sobrinho	조카
Tia	이모
Tio	삼촌

Fazenda #1
농장 #1

Abelha	벌
Agricultura	농업
Arroz	쌀
Água	물
Bezerro	송아지
Burro	당나귀
Cabra	염소
Campo	들
Cavalo	말
Cão	개
Cerca	울타리
Corvo	까마귀
Feno	건초
Fertilizante	비료
Frango	닭
Gato	고양이
Mel	꿀
Porco	돼지
Rebanho	무리
Vaca	소

Fazenda #2
농장 #2

Agricultor	농부
Animais	동물
Celeiro	헛간
Cevada	보리
Colmeia	벌집
Cordeiro	양고기
Fruta	과일
Irrigação	관개
Leite	우유
Lhama	라마
Maduro	익은
Milho	옥수수
Ovelha	양
Pastor	목자
Pato	오리
Pomar	과수원
Prado	목초지
Trator	트랙터
Trigo	밀
Vegetal	야채

Ferramentas
도구

Alicate	펜치
Cabo	케이블
Cola	접착제
Corda	밧줄
Escada	사다리
Faca	칼
Grampeador	호치키스
Grampo	스테이플
Machado	도끼
Martelo	망치
Navalha	면도기
Parafuso	나사
Pá	삽
Roda	휠
Tesoura	가위
Tocha	토치

Ferramentas de Cozinha
요리 도구

Chaleira	주전자
Coador	소쿠리
Colher	숟가락
Espátula	주걱
Faca	칼
Fogão	난로
Forno	오븐
Garfo	포크
Geladeira	냉장고
Ralador	강판
Talheres	칼 붙이
Tampa	뚜껑
Termômetro	온도계
Tesoura	가위
Torradeira	토스터

Férias #1
휴가 #1

Alfândega	세관
Avião	비행기
Bilhete	표
Bonde	시가 전차
Carro	차
Expedição	원정
Guarda-Chuva	우산
Itinerário	일정
Lago	호수
Mala	여행 가방
Mochila	배낭
Moeda	통화
Museu	박물관
Partida	출발
Relaxamento	휴식
Turista	관광객

Férias #2
휴가 #2

Aeroporto	공항
Destino	목적지
Estrangeiro	외국인
Feriado	휴일
Fotos	사진
Hotel	호텔
Ilha	섬
Lazer	여가
Mapa	지도
Mar	바다
Montanhas	산
Passaporte	여권
Praia	해변
Reservas	전세
Restaurante	식당
Táxi	택시
Tenda	텐트
Transporte	교통
Viagem	여행
Visto	비자

Ficção Científica
사이언스 픽션

Atómico	원자
Cinema	영화
Clones	클론
Distante	먼
Distopia	디스토피아
Explosão	폭발
Fantástico	환상적인
Fogo	불
Futurista	미래
Galáxia	은하
Ilusão	환상
Imaginário	상상의
Livros	책
Misterioso	신비한
Mundo	세계
Oráculo	오라클
Planeta	행성
Robôs	로봇
Tecnologia	기술
Utopia	유토피아

Flores
꽃

Buquê	꽃다발
Calêndula	금송화
Dente-De-Leão	민들레
Gardênia	치자
Girassol	해바라기
Hibisco	히비스커스
Jasmim	재스민
Lavanda	라벤더
Lilás	라일락
Lírio	백합
Magnólia	목련
Margarida	데이지
Orquídea	난초
Papoula	양귀비
Peônia	모란
Pétala	꽃잎
Plumeria	플루메리아
Rosa	장미
Trevo	클로버
Tulipa	튤립

Floresta Tropical
열대 우림

Anfíbios	양서류
Botânico	식물
Clima	기후
Comunidade	커뮤니티
Diversidade	다양성
Espécies	종
Insetos	곤충
Mamíferos	포유류
Musgo	이끼
Natureza	자연
Nuvens	구름
Pássaros	조류
Preservação	보존
Refúgio	피난
Respeito	존중
Restauração	복구
Selva	밀림
Sobrevivência	생존
Valioso	귀중한

Formas
셰이프

Arco	호
Canto	모서리
Cilindro	실린더
Círculo	원
Cone	원뿔
Cubo	입방체
Curva	곡선
Elipse	타원
Esfera	구체
Hipérbole	쌍곡선
Lado	측면
Linha	선
Oval	타원형
Pirâmide	피라미드
Polígono	다각형
Prisma	프리즘
Quadrado	정사각형
Retângulo	직사각형
Triângulo	삼각형

Frutas
과일

Abacate	아보카도
Abacaxi	파인애플
Amora	블랙베리
Baga	베리
Banana	바나나
Cereja	체리
Coco	코코넛
Damasco	살구
Figo	무화과
Framboesa	라즈베리
Kiwi	키위
Laranja	오렌지
Limão	레몬
Maçã	사과
Mamão	파파야
Manga	망고
Nectarina	천도 복숭아
Pera	배
Pêssego	복숭아
Uva	포도

Geografia
지리학

Altitude	고도
Atlas	아틀라스
Cidade	도시
Continente	대륙
Hemisfério	반구
Ilha	섬
Latitude	위도
Mapa	지도
Mar	바다
Meridiano	자오선
Montanha	산
Mundo	세계
Norte	북쪽
Oceano	대양
Oeste	서쪽
País	국가
Região	지역
Rio	강
Sul	남쪽
Território	영토

Geologia
지질학

Ácido	산
Camada	층
Caverna	동굴
Cálcio	칼슘
Continente	대륙
Coral	산호
Cristais	크리스탈
Erosão	부식
Estalactite	종유석
Estalagmites	석순
Fóssil	화석
Lava	용암
Minerais	탄산수
Pedra	돌
Plató	고원
Quartzo	석영
Sal	소금
Terremoto	지진
Vulcão	화산
Zona	구역

Herbalismo
약초학

Açafrão	사프란
Alecrim	로즈마리
Alho	마늘
Aromático	방향족
Benéfico	유익한
Coentro	고수풀
Estragão	타라곤
Flor	꽃
Funcho	회향
Ingrediente	성분
Jardim	정원
Lavanda	라벤더
Manjericão	바질
Manjerona	마조람
Planta	식물
Qualidade	품질
Sabor	맛
Salsa	파슬리
Tomilho	백리향
Verde	녹색

Insetos
곤충

Abelha	벌
Barata	바퀴벌레
Besouro	딱정벌레
Borboleta	나비
Cigarra	매미
Cupim	흰개미
Formiga	개미
Gafanhoto	메뚜기
Joaninha	무당벌레
Larva	유충
Libélula	잠자리
Louva-A-Deus	사마귀
Mariposa	나방
Minhoca	벌레
Mosquito	모기
Pulga	벼룩
Pulgão	진딧물
Vespa	말벌

Instrumentos Musicais
악기

Bandolim	만돌린
Banjo	밴조
Clarinete	클라리넷
Fagote	바순
Flauta	플루트
Gaita	하모니카
Gongo	징
Harpa	하프
Marimba	마림바
Oboé	오보에
Pandeiro	탬버린
Percussão	타악기
Piano	피아노
Saxofone	색소폰
Tambor	북
Trombone	트롬본
Trompete	트럼펫
Violão	기타
Violino	바이올린
Violoncelo	첼로

Jardim
가든

Ancinho	갈퀴
Arbusto	부시
Árvore	나무
Banco	벤치
Cerca	울타리
Ervas Daninhas	잡초
Flor	꽃
Garagem	차고
Grama	잔디
Jardim	정원
Lagoa	연못
Maca	해먹
Mangueira	호스
Pá	삽
Pomar	과수원
Solo	토양
Terraço	테라스
Trampolim	트램폴린
Varanda	현관

Literatura
문학

Analogia	유추
Análise	분석
Anedota	일화
Autor	저자
Biografia	전기
Comparação	비교
Conclusão	결론
Descrição	설명
Diálogo	대화
Estilo	스타일
Metáfora	은유
Narrador	내레이터
Opinião	의견
Poema	시
Poético	시적
Rima	운
Ritmo	리듬
Romance	소설
Tema	주제
Tragédia	비극

Livros
도서

Autor	저자
Aventura	모험
Coleção	수집
Contexto	문맥
Dualidade	이중성
Escrito	서면
Épico	서사시
História	이야기
Histórico	역사적인
Humorado	재미있는
Inventivo	발명
Leitor	리더
Literário	문학
Narrador	내레이터
Página	페이지
Poesia	시
Relevante	관련
Romance	소설
Série	시리즈
Trágico	비참한

Mamíferos
포유류

Baleia	고래
Camelo	낙타
Canguru	캥거루
Castor	비버
Cavalo	말
Cão	개
Coelho	토끼
Coiote	코요테
Elefante	코끼리
Gato	고양이
Girafa	기린
Golfinho	돌고래
Gorila	고릴라
Leão	사자
Lobo	늑대
Macaco	원숭이
Ovelha	양
Raposa	여우
Touro	황소
Zebra	얼룩말

Matemática
수학

Aritmética	산수
Ângulos	각도
Circunferência	둘레
Decimal	십진수
Diâmetro	지름
Equação	방정식
Expoente	멱지수
Fração	분수
Geometria	기하학
Números	숫자
Paralelo	평행
Paralelogramo	평행사변형
Perpendicular	수직
Polígono	다각형
Quadrado	정사각형
Raio	반지름
Retângulo	직사각형
Simetria	대칭
Triângulo	삼각형
Volume	음량

Material de Arte
미술 용품

Acrílico	아크릴
Apagador	지우개
Aquarelas	수채화
Argila	점토
Água	물
Cadeira	의자
Carvão	숯
Cavalete	화가
Câmera	카메라
Cola	접착제
Cores	색상
Criatividade	창의성
Escovas	브러쉬
Lápis	연필
Mesa	표
Óleo	기름
Papel	종이
Pastels	파스텔
Tinta	잉크

Medições
측정값

Altura	키
Byte	바이트
Centímetro	센티미터
Comprimento	길이
Decimal	십진수
Grama	그램
Grau	정도
Largura	너비
Litro	리터
Massa	질량
Metro	미터
Minuto	분
Onça	온스
Peso	무게
Polegada	인치
Profundidade	깊이
Quilograma	킬로그램
Quilômetro	킬로미터
Tonelada	톤
Volume	음량

Meditação
명상

Aceitação	수락
Acordado	깨어
Atenção	주의
Bondade	친절
Clareza	선명도
Compaixão	연민
Emoções	감정
Ensinamentos	가르침
Gratidão	감사
Mental	정신
Mente	마음
Movimento	운동
Música	음악
Natureza	자연
Observação	관찰
Paz	평화
Pensamentos	생각
Perspectiva	관점
Postura	자세
Silêncio	침묵

Mitologia
신화

Arquétipo	원형
Céu	천국
Ciúmes	질투
Comportamento	행동
Crenças	신념
Criação	창조
Criatura	생물
Cultura	문화
Desastre	재해
Força	힘
Guerreiro	전사
Herói	영웅
Imortalidade	불사
Labirinto	미궁
Lenda	전설
Mágico	마법의
Monstro	괴물
Relâmpago	번개
Trovão	천둥
Vingança	복수

Móveis
가구

Almofada	베개
Almofadas	쿠션
Banco	벤치
Cadeira	의자
Cama	침대
Colchão	매트리스
Cortinas	커튼
Espelho	거울
Estante	책장
Futon	이불
Maca	해먹
Mesa	책상
Poltrona	안락의자
Prateleiras	선반
Sofá	소파
Tapete	깔개

Natureza
네이처

Abelhas	꿀벌
Animais	동물
Ártico	북극
Beleza	아름다움
Deserto	사막
Dinâmico	동적
Erosão	부식
Floresta	숲
Folhagem	잎
Geleira	빙하
Montanhas	산
Nevoeiro	안개
Nuvens	구름
Pacífico	평화로운
Rio	강
Santuário	성역
Selvagem	야생
Sereno	고요한
Tropical	열대

Nutrição
영양

Amargo	쓴
Apetite	식욕
Calorias	칼로리
Carboidratos	탄수화물
Comestível	식용
Dieta	다이어트
Digestão	소화
Equilibrado	균형 잡힌
Fermentação	발효
Líquidos	액체
Molho	소스
Nutriente	영양소
Peso	무게
Proteínas	단백질
Qualidade	품질
Sabor	맛
Saudável	건강한
Saúde	건강
Toxina	독소
Vitamina	비타민

Números
숫자

Cinco	다섯
Decimal	십진수
Dez	십
Dezesseis	식스틴
Dezessete	열일곱
Dezoito	십팔
Dois	두
Doze	열두
Nove	아홉
Oito	여덟
Quatorze	십사
Quatro	포
Quinze	열 다섯
Seis	여섯
Sete	일곱
Treze	열셋
Três	삼
Um	하나
Vinte	스물
Zero	영

Oceano
바다

Alga	조류
Atum	참치
Baleia	고래
Barco	배
Camarão	새우
Caranguejo	게
Coral	산호
Enguia	장어
Esponja	스펀지
Golfinho	돌고래
Marés	조수
Medusa	해파리
Ostra	굴
Peixe	물고기
Polvo	문어
Recife	암초
Sal	소금
Tartaruga	거북이
Tempestade	폭풍
Tubarão	상어

Outono
가을

Bolota	도토리
Castanhas	밤
Clima	기후
Equinócio	춘분
Festival	축제
Geada	서리
Incêndios	불
Maçãs	사과
Meses	개월
Migração	이주
Natureza	자연
Pomar	과수원
Roupa	의류
Sazonal	계절
Tempo	날씨

Paisagens
풍경

Cascata	폭포
Caverna	동굴
Colina	언덕
Deserto	사막
Geleira	빙하
Golfo	만
Iceberg	빙산
Ilha	섬
Lago	호수
Mar	바다
Montanha	산
Oásis	오아시스
Oceano	대양
Pântano	늪
Península	반도
Praia	해변
Rio	강
Tundra	동토대
Vale	골짜기
Vulcão	화산

Países #2
국가 #2

Albânia	알바니아
Dinamarca	덴마크
França	프랑스
Grécia	그리스
Haiti	아이티
Indonésia	인도네시아
Irlanda	아일랜드
Jamaica	자메이카
Japão	일본
Laos	라오스
Líbano	레바논
México	멕시코
Nepal	네팔
Nigéria	나이지리아
Paquistão	파키스탄
Rússia	러시아
Síria	시리아
Somália	소말리아
Ucrânia	우크라이나
Uganda	우간다

Pássaros
새들

Avestruz	타조
Águia	독수리
Cegonha	황새
Cisne	백조
Corvo	까마귀
Cuco	뻐꾸기
Flamingo	플라밍고
Frango	닭
Gaivota	갈매기
Ganso	거위
Garça	헤론
Ovo	계란
Papagaio	앵무새
Pardal	참새
Pato	오리
Pavão	공작
Pelicano	펠리컨
Pinguim	펭귄
Pombo	비둘기
Tucano	부리새

Pesca
낚시

Água	물
Barbatanas	지느러미
Barco	배
Brânquias	아가미
Cesta	바구니
Equipamento	장비
Exagero	과장
Fio	철사
Gancho	훅
Isca	미끼
Lago	호수
Mandíbula	턱
Oceano	대양
Paciência	인내
Peso	무게
Praia	해변
Rio	강
Temporada	계절

Piratas
해적

Aventura	모험
Âncora	닻
Bússola	나침반
Capitão	선장
Caverna	동굴
Cicatriz	흉터
Espada	검
Ilha	섬
Lenda	전설
Mapa	지도
Mau	나쁜
Moedas	동전
Oceano	대양
Ouro	금
Papagaio	앵무새
Perigo	위험
Praia	해변
Rum	럼
Tesouro	보물
Tripulação	승무원

Plantas
식물

Arbusto	부시
Árvore	나무
Baga	베리
Bambu	대나무
Botânica	식물학
Cacto	선인장
Feijão	콩
Fertilizante	비료
Flor	꽃
Flora	플로라
Floresta	숲
Folhagem	잎
Grama	잔디
Hera	아이비
Jardim	정원
Musgo	이끼
Pétala	꽃잎
Raiz	뿌리
Sol	태양
Vegetação	초목

Praia
바닷가

Areia	모래
Azul	블루
Barco	배
Caranguejo	게
Costa	해안
Doca	독
Guarda-Chuva	우산
Ilha	섬
Lagoa	라군
Mar	바다
Oceano	대양
Recife	암초
Sandálias	샌들
Sol	태양
Toalha	수건
Veleiro	범선

Preencher
채우기

Bacia	분지
Balde	버킷
Bandeja	쟁반
Barril	통
Bolso	포켓
Caixa	상자
Cesta	바구니
Envelope	봉투
Garrafa	병
Gaveta	서랍
Jar	항아리
Mala	여행 가방
Pacote	패킷
Pasta	폴더
Saco	가방
Tubo	튜브
Vaso	꽃병

Profissões #1
직업 #1

Advogado	변호사
Artista	예술가
Astrônomo	천문학자
Banqueiro	은행가
Bombeiro	소방관
Caçador	사냥꾼
Cartógrafo	지도 제작자
Cientista	과학자
Dançarino	댄서
Editor	편집자
Embaixador	대사
Encanador	배관공
Enfermeira	간호사
Geólogo	지질학자
Joalheiro	보석상
Marinheiro	선원
Músico	음악가
Pianista	피아니스트
Psicólogo	심리학자
Veterinário	수의사

Profissões #2
직업 #2

Agricultor	농부
Astronauta	우주 비행사
Bibliotecário	사서
Biólogo	생물학자
Cirurgião	외과 의사
Dentista	치과 의사
Engenheiro	엔지니어
Filósofo	철학자
Fotógrafo	사진 작가
Ilustrador	일러스트레이터
Inventor	발명자
Investigador	연구원
Jardineiro	정원사
Jornalista	기자
Linguista	언어학자
Médico	의사
Piloto	조종사
Pintor	화가
Professor	선생님
Zoólogo	동물학자

Restaurante # 2
레스토랑 #2

Almoço	점심
Aperitivo	전채
Água	물
Bebida	음료
Bolo	케이크
Cadeira	의자
Colher	숟가락
Delicioso	맛있는
Especiarias	향신료
Fruta	과일
Garçom	웨이터
Garfo	포크
Gelo	얼음
Jantar	저녁 식사
Legumes	채소
Macarrão	국수
Peixe	물고기
Sal	소금
Salada	샐러드
Sopa	수프

Restaurante #1
레스토랑 #1

Alergia	알레르기
Café	커피
Carne	고기
Cozinha	부엌
Faca	칼
Frango	닭
Garçonete	웨이트리스
Guardanapo	냅킨
Ingredientes	재료
Menu	메뉴
Molho	소스
Pão	빵
Picante	매운
Reserva	예약
Sobremesa	디저트
Tigela	그릇

Roupas
의류

Avental	앞치마
Blusa	블라우스
Calça	바지
Camisa	셔츠
Casaco	코트
Chapéu	모자
Cinto	벨트
Colar	목걸이
Jaqueta	재킷
Jeans	청바지
Luvas	장갑
Meias	양말
Moda	패션
Pijama	잠옷
Pulseira	팔찌
Saia	치마
Sandálias	샌들
Sapato	구두
Suéter	스웨터
Vestido	드레스

Tecnologia
기술

Arquivo	파일
Blog	블로그
Bytes	바이트
Câmera	카메라
Computador	컴퓨터
Cursor	커서
Dados	데이터
Digital	디지털
Estatísticas	통계
Fonte	글꼴
Internet	인터넷
Mensagem	메시지
Navegador	브라우저
Pesquisa	연구
Segurança	보안
Software	소프트웨어
Tela	화면
Virtual	가상
Vírus	바이러스

Tempo
시간

Agora	지금
Ano	년
Antes	전에
Anual	연간
Calendário	달력
Década	십년
Dia	일
Futuro	미래
Hoje	오늘
Hora	시간
Manhã	아침
Meio-Dia	정오
Mês	월
Minuto	분
Momento	순간
Noite	밤
Ontem	어제
Relógio	시계
Semana	주
Século	세기

Tipos de Cabelo
헤어 타입

Branco	하얀
Brilhante	빛나는
Careca	대머리
Cinza	회색
Curto	짧은
Encaracolado	곱슬
Fino	얇은
Grosso	두꺼운
Loiro	금발
Longo	긴
Marrom	갈색
Prata	은
Preto	블랙
Saudável	건강한
Seco	마른
Suave	부드러운
Trançado	꼰
Tranças	머리띠

Vegetais
야채

Abóbora	호박
Aipo	셀러리
Alcachofra	아티초크
Alho	마늘
Batata	감자
Beringela	가지
Brócolis	브로콜리
Cebola	양파
Cenoura	당근
Chalota	샬롯
Cogumelo	버섯
Ervilha	완두콩
Espinafre	시금치
Gengibre	생강
Nabo	순무
Pepino	오이
Rabanete	무
Salada	샐러드
Salsa	파슬리
Tomate	토마토

Veículos
차량

Ambulância	구급차
Avião	비행기
Balsa	나룻배
Barco	배
Bicicleta	자전거
Caminhão	트럭
Caravana	캐러밴
Carro	차
Foguete	로켓
Furgão	밴
Helicóptero	헬리콥터
Jangada	뗏목
Lambreta	스쿠터
Metrô	지하철
Motor	모터
Ônibus	버스
Pneus	타이어
Submarino	잠수함
Táxi	택시
Trator	트랙터

Verão
여름

Acampamento	캠핑
Alegria	기쁨
Amigos	친구
Casa	집
Estrelas	별
Família	가족
Jardim	정원
Jogos	게임
Lazer	여가
Livros	책
Mar	바다
Mergulho	다이빙
Música	음악
Praia	해변
Relaxamento	휴식
Sandálias	샌들
Viagem	여행

Xadrez
체스

Branco	하얀
Campeão	챔피언
Concurso	대회
Desafios	도전
Diagonal	대각선
Estratégia	전략
Jogador	플레이어
Jogo	게임
Oponente	상대
Passivo	수동태
Preto	블랙
Rainha	퀸
Regras	규칙
Rei	왕
Sacrifício	희생
Tempo	시각
Torneio	토너먼트

Parabéns

Conseguiu!

Esperamos que tenha gostado tanto deste livro como nós gostamos de o desenhar. Esforçamo-nos por criar livros da mais alta qualidade possível.
Esta edição foi concebida para proporcionar uma aprendizagem inteligente, de qualidade e divertida!

Gostou deste livro?

Um simples pedido

Estes livros existem graças às críticas que publica.
Pode ajudar-nos, deixando agora uma revisão?

Aqui está um pequeno link para
a sua página de revisão:

BestBooksActivity.com/Avaliacoes50

DESAFIO FINAL!

Desafio n° 1

Está pronto para o seu jogo grátis? Usamo-los a toda a hora, mas não são tão fáceis de encontrar - aqui estão os **Sinônimos!**
Escreva 5 palavras que encontrou nos puzzles (n° 21, n° 36, n° 76) e tente encontrar 2 sinónimos para cada palavra.

Escreva 5 palavras de **Puzzle 21**

Palavras	Sinônimo 1	Sinônimo 2

Escreva 5 palavras de **Puzzle 36**

Palavras	Sinônimo 1	Sinônimo 2

Escreva 5 palavras de **Puzzle 76**

Palavras	Sinônimo 1	Sinônimo 2

Desafio n° 2

Agora que já aqueceu, escreva 5 palavras que encontrou nos Puzzles (n° 9, n° 17 e n° 25) e tente encontrar 2 antônimos para cada palavra. Quantos se podem encontrar em 20 minutos?

Escreva 5 palavras de **Puzzle 9**

Palavras	Antônimo 1	Antônimo 2

Escreva 5 palavras de **Puzzle 17**

Palavras	Antônimo 1	Antônimo 2

Escreva 5 palavras de **Puzzle 25**

Palavras	Antônimo 1	Antônimo 2

Desafio n° 3

Óptimo! Este desafio final não é nada para si.

Pronto para o desafio final? Escolha 10 palavras que tenha descoberto nos diferentes puzzles e escreva-as abaixo.

1.	6.
2.	7.
3.	8.
4.	9.
5.	10.

Agora escreva um texto a pensar numa pessoa, num animal ou num lugar de seu agrado.

Pode utilizar a última página deste livro como um rascunho.

A Sua Composição:

CADERNO DE NOTAS:

ATÉ BREVE!

A equipa Inteira

DESCUBRA JOGOS GRATUITOS

GO

BESTACTIVITYBOOKS.COM/FREEGAMES

www.ingramcontent.com/pod-product-compliance
Lightning Source LLC
Chambersburg PA
CBHW082212120626
46553CB00010B/3110